소중한 마음

KB021384

무채색 종이어른의 초상

광화문역에는 좀비가 산다

저자 이봉호

성북구 장위동에서 서울내기로 태어났다. 고등학교 시절, 영화 〈죽은 시인의 사회〉에 등장한 키튼 선생과 흡사한 스승을 만난다. 그를 통해 미술과 자유와 철학을 전수받는다. 재수한답시고 노량진 바닥에서 소주와 짬뽕국물 그리고 록음악 사이를 하염없이 헤엄치다가 간신히 대학에 입학한다.

20대에는 경영학도로서 세상에 돈보다 소중한 것이 없다는 얼치기 사상에 빠진다. 학생운동이 정점이던 1980년도 후반기를 음악과 문학에 빠진 아웃사이더로 연명한다. 이후 회사형 인간으로 계급이동에 착지하게 된다. 입사 10년 차 즈음하여 주경야독의 정신으로 문화예술과 관련한 석박사 과정을 통과한다. 늦깎이 인문학도로 변신하여 자신만의 시선으로 세상 보는 법을 터득하게 된다.

그는 지금까지 그랬으며 앞으로도 사회적 왕따가 마음껏 숨 쉬며 사는 세상이 되기 위한 글쓰기를 지향한다. 자주 들르는 곳은 천 원 노가릿집, 작은 영화관, 시내 헌책방, 홍대 도서관과 음악카페이다. 그리고 눈을 감는 날까지 읽고, 쓰고, 느끼고, 마시고, 말하는 지식노동자의 삶을 지향할 것이다. 사람들은 그를 문화중독자라고 부르곤 한다.

도서 『제9요일』, 논문 〈20세기 프랑스와 미국 문화지원정책 연구〉이 있으며, 금융인문화제, 광명시 신인문학상, 계간 만다라 신인문학상을 받았다. 음악잡지에 '월드뮤직'을 연재했고, 홍대 대학원과 나사렛대학교에서 특강을 하기도 한다.

무채색 종이어른의 초상

광화문역에는 좀비가 산다

이봉호 저

문화
중독자의
탈진사회
극복기

STiCK

무채색 종이어른의 초상

광화문역에는 좀비가 산다

초판 1쇄 인쇄 2015년 4월 27일
초판 1쇄 발행 2015년 5월 4일
지은이 이봉호

발행인 임영묵 | **발행처** 스틱(STICKPUB) | **출판등록** 2014년 2월 17일 제2014-000196호
주소 411-863 경기도 고양시 일산서구 일중로 17, 201-3호 (일산동, 포오스프라자)
전화 070-4200-5668 | **팩스** (031) 8038-4587 | **이메일** stickbond@naver.com
ISBN 979-11-952335-1-9   03300

※ 출간 아이디어 또는 집필원고를 보내주시면 정성스럽게 검토 후 연락드리겠습니다. 저자소개, 제목, 출간의도, 개요 및 특징, 목차, 원고샘플(또는 전체원고), 연락처 등을 이메일(stickbond@naver.com)로 보내주세요. 문은 활짝 열려 있습니다. 주저하지 말고 들어오세요. 출간의 길도 열립니다.

나의 삶은 온전한 텍스트인가

모두가 한곳을 바라보는 삶은 지루하다

그것이 언제인지, 어느 날인지는 기억이 확실치 않다. 그와 그의 아내가 처음 내가 운영하는 카페에 온 날이다. 그는 수많은 전투를 치르고 난 뒤의 병사처럼 약간은 무너져 있었으나 눈빛만은 형형한 기운이 살아 있었고, 그의 아내는 처연하면서도 향기를 잃지 않은 전쟁 속에 핀 꽃과 같아 보였다.

구석 창가에 자리를 잡은 그들은 맥주 몇 병을 주문했고, 종이에 미리 써온 듯한 신청곡을 조심스레 내밀었다. 신청곡은 쉽게 들을 수 있는 곡들이 아니었으며, 여러 장르를 섭렵하며 많은 시간 동안 음악을 들어온 내공이 엿보였다.

그날 이후, 부부는 나의 카페에 단골이 되었다.

처음 온 날처럼 그는 이곳에 오는 날이면 열 곡 정도의 신청곡을 미리 준비해 내밀었으며, 나는 그들의 신청곡을 잊지 않고 틀어주었다.

그와는 특별히 깊이 있는 대화를 나눈 적도 없고, 서로의 신상에 대해서도 묻지 않았다. 그와 나의 사이에는 오직 음악이 제공하는 통로만 있었을 뿐이었다.

어느 날 그가 카페에 책을 한 권 들고 찾아왔다.

책『제9요일』, 문화중독자 이봉호.

그가 십 년 넘게 음악과 문화에 관련된 글쓰기를 해왔으며, 몇 개의 소설을 발표한 등단작가라는 것을 그제야 알게 되었다. 그는 새로운 책의 출간소식을 나에게 알리면서 조심스레 추천사를 부탁했다.

『광화문역에는 좀비가 산다』

그가 새로 출간하는 책이다. 지난 일주일 동안 틈틈이 그의 원고를 읽었다. 그의 원고를 읽으면서 나는 지난했던 나의 삶을 다시 돌아보게 되었다.

나는 홍대에서 조그만 음악카페를 운영하고 있다. 손님은 그럭저럭, 매상은 소소하다. 나는 자영업자다. 가끔은 계속 카페를 운영하는 것이 존재 이유인 것 같은 생각이 들기도 하지만, 그것은 매일 듣는 음악을 아무 이유 없이 다시 듣게 되는 이유와도 비슷하다.

가게를 시작하기 전 섭수 년 동안, 나는 자본주의의 첨병에 서서 사람들의 관능을 자극하고, 물질의 풍요를 선동하여 그들의 지갑을 열게 하는 일을 해왔다.

영혼은 오래된 교양서적 속에 묻어두고 오직 돈이 만들어내는 부가가치에만 열정을 쏟았으며, 그것이 만들어낸 세계 속에서 나의 계급과 위상을 자리매김해왔다.

물신숭배의 캐치프레이즈를 내걸고 그 밑에서 글을 써서 밥을 먹고살았으며, 마케팅이라는 이름으로 펼쳐진 얄팍한 글쓰기는 수많은 이를 현혹하며 아주 쉽게 나를 자본주의에 안착시켰다.

마르지 않는 샘처럼 끊임없이 쏟아질 것 같은 아이디어와 상상력이 점점 그 밑바닥을 드러낼 즈음, 나는 수시로 거울을 바라보게 되었다. 나의 삶은 온전한 텍스트인가, 그 텍스트에는 영혼이 첨부되어 있는가, 라는 질문이 늘 거울 속에서 수증기처럼 피어올랐다. 그것은 일종의 부름이었고,

존재증명에 대한 근원적인 성찰과도 같은 것이었다.

문화중독자 이봉호의 책에 대한 추천사를 감히 쓸 수 있게 된 배경에는 그와 나의 삶에 대한 모색이 그리 다르지 않다는 공감에서 시작된다. 그의 문화와 예술에 대한 고독한 탐색과정은 내가 오래전 자본주의와 시스템에 영혼 대부분이 '탈진'되어 새로운 삶의 에너지를 갈구하고 탐색해온 지향점과 별반 다르지 않다.

미디어와 문명의 이기에 종속되어 꿈과 이상은 데이터와 정보에 매몰되고, 틀에 박힌 관성과 제도가 물리적 행동양식을 강제하며, 하루하루를 도시의 그늘에서 스타벅스의 커피 한 잔에 위안을 받는 현대인들이여.

그대들은 지금 무엇을 꿈꾸고, 그대들의 행복은 어디에 있는가.
우리 삶의 양식이 화폐로 환원되는 그곳에서
그대들의 영혼을 적셔주는 음악은 어디에서 울리는가.
모두 한곳을 바라보는 삶이 얼마나 지루한지를,
모두가 하나의 가치를 추구하는 일이 얼마나 부질없는지를,

이제 그대들은 자신에게 질문을 던질 때가 왔다.
그리고 문화중독자 이봉호의 글이 당신과 비슷한 마음으로
그 질문에 애정이 어린 답변을 해줄 것을 나는 믿어 의심치 않는다.

같은 곳을 바라보면서 근원적인 행복을 향해 달려가는
삶의 마라토너이자 문화중독자인 저자에게 박수를 보내며
나 같은 강호의 무명 소졸에게 그 옆의 한자리를 기꺼이 내준 것에 대
한 감사의 인사를 이 추천사로 갈음한다.

홍대 카페 〈코케인〉 대표, 최우석 씀

광화문, 그 내밀한 공간의 이야기

나는 가끔 좀비로 변신한다

인간은 공간에 대한 추억을 먹고 사는 동물이다. 어떤 공간은 상처와 후회의 장소이며, 또 어떤 공간은 기쁨과 행복의 장소라는 명찰이 걸린다. 내가 떠올릴 수 있는 공간은 단절된 기억의 조각이다. 그 조각이 연속성을 지닐 때, 우리는 추억이라는 용어를 조각 대신 사용하기도 한다. 그런 면에서 광화문은 내게 특별한 공간이자 추억의 공간이다.

중학교 시절, 광화문은 폼 나는 고층빌딩이 거인처럼 자리 잡은 일종의 신세계였다. 가장 기억에 남는 건물은 광화문 사거리 동화면세점 건물 자리에 있었던 국제극장이었다. 그곳에서 아버지와 배우 청룽(이하 성룽)이 주연한 영화 〈사형도수〉를 보았다. 오른손을 뱀 대가리처럼 오므린 채로 상대방을 무찌르는 사형도수. 멋지다 못해 감동적이었다. 영화관을 빠져나오면서 성룡의 팬이 되겠다고 다짐했다. 이소룡과 왕우라는 무술고수에서 성룡이라는 신세대 액션스타를 선택한 것이었다.

고등학교 시절, 광화문은 사무실과 번드르르한 술집들이 자리 잡은 어른들의 세계로 추락했다. 나는 어른들의 세상을 좋아하지 않았다. 어른들을 좋아하지도 않았다. 그들의 말을 믿지도 않았으며, 그들의 미소에 감동하지도 않았다. 아마도 말 수가 없고 매사에 고압적이었던 아버지에게 받은 영향이 아닌가 싶다. 따라서 광화문은 내게 낯선 공간이자 거부하고 싶은 현실이었다. 어쩌다 보니 대성학원에서 재수를 하고, 대학에 입학했다.

20대 시절의 광화문은 내게 잊을 수 없는 추억을 선사한 빛의 공간이었다. 그곳에는 메카, 광명사, 디스크 9, 광화문 음악사, 간판이 없는 음반 도매상 등 레코드 음반점이 모여 있는 문화의 공간이었다.

용돈을 받거나, 아르바이트 월급날 그리고 장학금을 받으면 어김없이 광화문행 38번 버스에 올랐다. 버스 안에서 오늘은 어떤 LP가 나를 기다리고 있을지, 상상하는 재미가 제법 쏠쏠했다. 집으로 돌아가는 버스에서는 사각형 비닐봉지 속에 숨어 있는 LP 껍데기를 만지작거리면서 행복해 하던 시절이었다. 그렇게 나의 20대는 광화문에서 흘러나오는 음악들과 함께 조금씩 사라져 갔다.

30대 이후의 광화문은 머리 아픈 기억들이 남아 있는 공간이다. 그곳에서 야근을 하고, 술을 마시고, 아침저녁으로 똑같은 지하철 계단을 오르내려야 했다. 어떤 날은 숙취에 찌든 머리통을 사무실로 운반했고, 또어떤 날은 허리통증 때문에 거북이걸음으로 길을 헤매야 했다. 주변 동료의 비신사적 업무처리로 인내심이 극에 달하는 일도 있었으며, 이유없이 다른 부서 책임자에게 욕을 먹어야 하는 상황도 적지 않았다.

그렇게 광화문에서 돈을 벌고, 연애를 하고, 연락이 끊겼던 친구를 만나고, 야근의 고통에 시달리고, 정관수술을 하고, 마음에 들지 않는 사람들과 일을 해야 했다. 그리고 덕수궁 앞에서 시위하는 이들을 무거운 마음으로 훔쳐 보고, 월드컵 4강 신화에 환호하는 붉은 응원 열기를 목격했으며, 자살한 대통령의 추모 인파에 휩싸여 눈물을 흘리기도 했다.

나는 아직도 광화문에서 일하고 있다. 광화문은 주요 신문사가 모여 있는 정보의 장이며, 회사와 샐러리맨들이 득실거리는 일터이며, 외국관광

객들이 모여드는 장소이며, 가끔은 촛불시위가 벌어지는 성소이며, 세종대왕과 이순신 장군이 사이좋게 사는 마을이다.

나는 그곳에서 가끔은, 아니 자주 좀비로 변신했다. 날씨가 어두워지면 광화문 거리에는 술에 취한 좀비와 배고픈 좀비, 일에 찌든 좀비, 방황하는 좀비들이 이리저리 서성거린다. 그들은 인간이었던 시절을 그리워하기도 하며, 다시 인간으로 돌아가기 위해 엉거주춤한 자세로 준비운동을 하기도 한다. 어떤 좀비는 영원히 좀비의 삶을 살기도 하고, 어떤 좀비는 완전한 인간으로 돌아오기도 하며, 또 어떤 좀비는 인간에서 좀비 사이를 오락가락한다. 따라서 광화문에는 좀비가 산다.

나의 인문학 멘토 조명계 교수님, 다시 고마운 출판사 대표님, 사랑하는 가족, 토요일자 경향신문, 일산 약수터, 말러 교향곡 5번, 반야심경, 정동 프란치스코 회관, 지하철 6호선, 영화 파인딩 포레스터, 한겨레 문화센터 신촌점, 장위동 언덕길, 마지막으로 탈진사회를 살아가는 투명한 영혼들에게 작지만 단단한 이 책을 바친다.

문화중독자 이봉호

13

차 례

추천사 나의 삶은 온전한 텍스트인가 ● 5

프롤로그 광화문, 그 내밀한 공간의 이야기 ● 10

01   아폴로의 미소 ● 17

02   광화문역에는 좀비가 산다 ● 23

03   잡스가 위인이라고 ● 29

04   록키의 사생활 ● 41

05   1% 불변의 법칙 ● 49

06   시간종결자 ● 63

07   소비유령 ● 73

08   상상력이 사라진 자리 ● 89

09   중독의 메커니즘 ● 101

봉 박사의 잔소리 느리지만, 결코 멈추지 않는 것들 ● 114

10   복제인간 주식회사 ● 119

11   대학의 민낯 ● 133

12   탈진을 부추기는 사회 ● 149

13   공공의 적, 미디어 ● 163

14   멋진 신세계 ● 181

15   단절의 미학 ● 191

16   비정규직의 천국 ● 203

17   소유의 종말 ● 213

18   그대, 과연 살아남을 것인가 ● 225

봉 박사의 잔소리 **홍길동의 법칙** ● 230

에필로그   인생은 마라톤이 아니다 ● 234

참고문헌   ● 239

영화를 찍고 있을 때 꾸는 꿈은 최악의 꿈이다. 그때는 꿈에서도 일하고 있기 때문이다. 그보다 더한 악몽은 없다. 꿈에서도 여전히 일하고, 여전히 같은 사람들을 상대하고 있다는 의미는 낮에 있었던 일들이 그대로 꿈에서도 이어지는 것이다. 그보다 더 나쁜 일은 없다. _팀 버튼

01

아폴로의 미소

쿵쿵쿵. 심장은 불규칙한 박동소리를 쏟아내기 시작한다. 심호흡을 해보아도 소용없다. 뒤통수에서 아드레날린이 폭포수처럼 흘러내린다. 천천히 제자리 뛰기를 시작한다. 조금씩 호흡이 정상궤도로 돌아온다. 순간 쏟아지는 관중의 함성. 경기를 시작하기도 전인데 온몸이 물 먹은 휴지 뭉치처럼 무겁다. 권투 글러브를 낀 양 주먹에 미지근한 물기가 스며든다.

"선수입자앙!" 장내 아나운서의 목소리가 칼칼하다. 내 이름을 부르는가 보다. 수십 년을 들었던 이름인데 영 어색하다. 내 이름이 맞나. 천천히 고개를 들어 관중을 노려본다. "홍 코우~너. 몸무게 71킬로그램. 아폴~로!" 역시 이어지는 관중의 환호성. 마치 배고픈 늑대들의 울음소리 같다.

'아폴로'라, 특이한 이름이다. 심판이 나와 아폴로 선수를 링 한가운데로 나오라고 손짓한다. 느리지만 당당한 동작으로 링 중앙을 향해 걸어나간다. 검은 피부의 아폴로가 앞을 가로막는다. 나는 경기를 시작하기 전, 절대 상대선수의 눈을 쳐다보지 않는다. 안 그래도 피곤한 인생살이, 눈싸움질이나 하면서 쓸데없이 에너지를 방출하고 싶지 않다. 작달막한 심판이 나랑 아폴로를 번갈아 쳐다보면서 주의사항을 전한다.

땡~! 소리와 함께 아폴로 선수가 내게 접근한다. 이번 선수는 눈매가 날카롭다. 나보다 키는 작지만, 몸놀림과 눈빛이 예사롭지 않다. 다시 시작이다.

얄미운 심판

어떻게 1회전을 마쳤는지 모르겠다. 경기 초반은 탐색전이었다. 나도, 아폴로 선수도 서로 때릴 의지가 없었다. 우리는 바보처럼 링 사이드를 부지런히 뛰어다녔다. 심판이 두 번씩이나 우리에게 싸우라는 신경질적인 경고를 던졌다. 얄미운 심판 자식. 나는 아폴로가 아니라 심판을 패고 싶었다.

권투경기에는 세 가지 판정이 있다. 승, 패, 그리고 무승부. 제일 좋은 건 승. 두 번째는 무승부. 나머지는 보나 마나. 어떤 경기든 간에 지거나 무승부를 목표로 해본 적이 없었다. 무조건 이기는 경기를 원했다. 하지만, 결과는 정반대였다. 그동안 이긴 경기보다 진 경기가 더 많았다. 다행인지 불행인지 아직 무승부는 없었다.

쿵. 갑자기 정신이 아득해진다. 아폴로가 던진 오른손 펀치가 내 안면을 강타했다. 이런. 동작을 바꿔야 한다. 연타를 맞지 않기 위해서다. 기세가 올랐는지 아폴로가 내게 주먹을 마구 휘두른다. 나도 맞고만 있을 수는 없다. 부지런히 주먹을 뻗어 본다. 다시 한 번 내 면상에 망치질이 가해진다. 이번에는 아까와는 비교가 안 되는 강한 펀치다.

링 사이드로 부지런히 위치이동을 시도한다. 이럴 때일수록 발걸음을 바삐 움직여야만 한다. 정신 차리라는 코치의 외침이 띄엄띄엄 들린다. 2회전을 마쳤다. 이번 라운드는 점수를 잃었다. 순간, 아폴로 선수가 부러워진다. 다음 라운드에는 어떻게든 점수를 따야 한다. KO면 더 좋고.

마지막 라운드

12회까지 버텼다. 차라리 경기를 포기할 것을 그랬나. 녀석한테 다운은 안 당했지만 이긴 라운드가 잘해야 하나나 둘이다. 이미 판정은 끝났다. 끝까지 버티면 아폴로의 승리다. 경기를 역전하는 방법은 KO 펀치를 날리는 거다. 그런데 그게 말처럼 쉽나. 다리는 후들거리고 서 있는 것조차 버겁다.

아폴로 선수는 승리를 의식했는지 더는 나를 때릴 의지가 없어 보인다. 부지런히 아폴로를 쫓아다녀 보지만 별 소득이 없다. 아폴로를 향해서 힘껏 오른손 주먹을 휘둘러 본다. 이번에도 헛방이다. 이 정도 주먹이면 내가 맞아도 별 충격이 없을 것 같다.

　그동안 훈련했던 시간이 떠오른다. 처음 권투에 입문하던 시절, 새벽 조깅을 매일 한 시간 넘게 반복했다. 비가 오면 온몸으로 비를 맞으면서 달렸다. 당시만 해도 나 자신이 자랑스럽고 대단해 보였다. 하지만, 그게 전부였다. 권투선수 통산전적은 정말이지 말하기도 창피하다. 3승 7패. 악전고투 끝에 건져낸 3승도 판정승이다. 시원하게 KO로 상대방을 이겨본 적이 없다. 7패 중 2번은 KO패였다. 하도 창피해서 대인기피증에 걸릴 지경이었다.

　하지만, 포기할 수 없었다. 권투에서 진다는 것은 인생살이에서 고배를 마신다는 의미다. 인생의 낙오자가 되기 싫었다. 언제부터인가 포기는 곧 패배라는 공식이 나를 지배했다. 어디선가 이런 교육을 받았던 것 같다. "지는 것이 이기는 것이 아니라, 지는 것은 완전히 지는 것이다."라고. 이렇게 맞아 가면서 버텨야 하는 이유를 잘 모르겠다. 그냥 습관적으로 맞고, 때리고, 가끔은 도망도 치면서 12회까지 왔다고 생각한다.

　얼마나 시간이 흘렀을까? 더는 아폴로를 때릴 기운이 없다. 경기를 완전하게 지배하는 아폴로가 대단해 보인다. 녀석은 비틀거리는 나를 구경하면서 이미 승리의 기쁨을 만끽하고 있겠지. 다시 녀석을 향해 달려간다. 순간, 눈앞이 캄캄해진다. 하나, 둘, 셋…. 심판의 목소리가 개미 목소리처럼 작게 들린다. 녀석한테 멋지게 한 방 먹었다. 지금 링 위에 누워 있다. 말 그대로 탈진상태다.

탈진의 방정식

권투경기에서 승리하는 방법은 간단하다. 많이 때려 덜 맞거나, 많이 맞더라도 제대로 된 한 방을 날리는 거다. 우리는 모두 링 위에 서 있는 권투선수다.

모두가 승리를 원하지만, 마지막에 이기는 놈은 따로 있다.

아침이면 1회전 시작을 알리는 알람소리가 선잠을 깨운다. 모두들 부지런히 권투 글러브를 착용하고 집을 나선다. 길에는 다양한 체형의 권투선수들이 출근을 서두른다. 플라이급에서부터 헤비급까지 각양각색이다. 드디어 회사에 도착하면 인파이터와 아웃복싱 그리고 변칙복싱을 즐겨 하는 선수들이 득실거린다. 어떤 놈도 한 방에 쓰러지지 않는다. 그렇다고 녀석들이 던지는 주먹질에 내가 쓰러질 수도 없다. 어지럽지만 버티고 또 버틴다. 퇴근시간을 알리는 12회 마지막 종이 울린다. 파김치가 된 몸을 이끌고 퇴근행 지하철에 탑승한다. 오늘도 상대선수들의 모진 주먹질에도 잘 버텼다. '그래, 버티는 게 이기는 거다.'라고 자신에게 최면을 걸어본다.

엉거주춤한 동작으로 잠자리에 눕는다. 왜 이러고 살아야 할까? 순간, 가슴이 먹먹해진다. 이유는 간단하다. 내가 사는 곳은 대한민국 1번지, 탈진사회이기에.

모든 복서가 강펀치 때문에 이기는 건 아니다.
대개 승리를 거두는 건 그들의 맷집 때문이다. _류승완 감독

탐욕은 결코 도달할 수 없는 필요를 충족시키려고 끊임없이 노력하는 사람들을 탈진시키는, 바닥이 없는 구덩이와 같다. _에리히 프롬

02

광화문역에는 좀비가 산다

아침 출근길에 목격한 풍경.
사건의 장소는 광화문 지하철역 통로였다. 어제 회사직원들과 급하게 마신 술의 취기 탓에 쇳덩어리처럼 묵직해진 머리를 뒤흔들며 걷고 있었다. 갑자기 내 등 뒤에서 들리는 고함. 그것은 커다란 확성기에서 쏟아져 나오는 듯한 남자의 욕설이었다.

시선을 늘어뜨린 채 지하철 역사를 걸어가는 군중 틈에 끼어 있던 나는 몸을 돌려 목소리의 주인공을 확인했다. 욕설의 주인공은 단정한 헤어스타일을 한 정장차림의 젊은이였다. 잘 쳐줘야 30대 중반쯤 되었을까? 넥타이까지 깔끔하게 착용한 것으로 보아 서울 어딘가에서 회사에 다니는 직장인이 아닌가 싶다. 젊은이의 맞은 편에는 아버지뻘로 보이는 노인이 어쩔 줄을 모른 채 그가 쏟아내는 욕설을 잠자코 듣고만 있었다.

욕설의 내용인즉슨 이렇다. 점퍼 차림의 노인이 지하철 역사를 걷다가 실수로 젊은이의 구두를 밟은 모양이었다. 눈에 잔뜩 날이 선 채 욕설을 쏟아놓는 젊은이와 멘탈붕괴 상태에 빠진 노인. 그들 사이를 스쳐 지나가는 군중은 마치 브래드 피트가 주연했던 2013년도 영화 〈월드 워 Z〉의 한 장면을 연상케 했다. 500만 관중 돌파라는, 한국에서 좀비영화로는 기대 이상의 관중을 동원했던 〈월드 워 Z〉. 바이러스가 침투한 어린이 사이를 떼거리로 지나쳐 달려가는 좀비들의 살풍경은 21세기를 살아가는 탈진사회의 초상과 다를 바가 없었다.

잠시 후 공익근무요원으로 보이는 뚱뚱한 젊은이가 등장하면서 그들의 실랑이는 마무리되었다. 나는 다시 좀비로 변신하여 출근길 행렬에 합류했다. 노인과 젊은이 또한 사람들의 틈에 끼여 가던 길을 재촉해야 할 것이다. 나를 포함한 어느 사람도 두 명의 실랑이에 관여하지 않았다. 내가 기억하는 모습은 두 명 사이를 무심코 지나치던 군중의 핏기라고는 찾아볼 수 없는 표정이었다.

생각해 보면 젊은이의 분노도, 늙은이의 당혹스러움도, 그들을 무시한 채 지나치던 군중도 한 가지 공통점이 있었다. 그들의 시선에는 모두 탈진한 자의 무기력함이 주홍글씨처럼 새겨져 있었다.

사고가 있었던 날 저녁이었다. 귀가를 위해 탑승했던 5호선 지하철 전동칸에는 좀비의 눈동자를 한 이들이 우두커니 무리지어 있었다. 그들은 링에서 쓰러지는 그날까지 쪼들리는 월급, 임시직이라는 불안정한 신분, 정치권 인사의 헛소리, 스펙만들기 학원으로 전락해버린 대학교, 위인이 사라져버린 세상, 오로지 소비만을 부추기는 쓰레기 광고들, 인체 유해성분으로 가득한 미디어, 도무지 차별성이라고는 찾을 수 없는 복제형 인간들, 그리고 상상력이 고갈된 일상 속에서 서서히 탈진해가는 좀비들이었다.

좀비들은 전동칸에서 스마트폰을 움켜쥔 채 무엇인가를 멀거니 주시하고 있었다. 전동칸을 채우고 있는 이들은 하나같이 즐거움이나 행복과는 거리가 먼 21세기형 좀비의 모습이었다. 대한민국 어디를 가든지 만날 수 있는 좀비만이 가득한 세상. 이것을 탈진사회라고 말하고 싶다.

지치면 지고, 미치면 이긴다

가수 싸이는 공연을 마친 후

완전히 탈진상태가 되어 금세라도 쓰러질 것 같지 않으면 자신에게 몹시 화가 난다고 말했다. 그가 말한 탈진상태란 기분 좋은 탈진이다. 하지만, 우리 주변에는 무겁고 부담스러운 탈진의 기류만이 가득하다. 누구의 탓이기를 말하기에 앞서 그 원인에 대한 분석이 필요하지 않을까?

미래를 준비하기 위해서는 사전에 치밀한 전략전술이 수반되어야만 원하는 결과를 얻을 수 있다. 우리가 사는 사회에는 각양각색의 생존 전략이 칼춤을 추고 있다. 경쟁이 심해질수록 자신이 감내해야 하는 상처도 깊어진다. 좀비의 피가 흐르는 탈진이라는 물체는 호환 마마처럼 즉시 부작용을 보이지 않을 뿐이다. 이처럼 탈진은 야금야금 인류의 일상을 지배하면서 그들을 회생불능의 폐기물로 만드는 것을 지상목표로 삼는다.

탈진사회라는 그물망에 갇힌 사람들은 꺼진 불도 다시 보고, 돌다리도 두들겨 보고 건너지 않는 영민함이 필요하다. 알고 덤비는 놈을 이길 만한 상대가 그리 많지 않다는 사실을 잊지 말자. 창과 방패를 든 놈한테 창만 쥔 채로 맞짱을 떠보겠다는 멍청한 짓은 하지 말자. 버티다 보면 기회는 오기 마련이다.

이제부터 탈진이란 괴물이 사는 좀비마을에 대한 이야기를 해볼까 한다. 탈진이란 녀석의 정체에 대해서 말이다. 우리를 끊임없이 괴롭히는 탈진사회의 민낯은 무엇이고, 왜 사회는 늘 우리에게 탈진을 원하는 것일까?

싸이는 지치면 지는 것이며 미치면 이기는 것이라고 말했다. 그렇다. 제대로 미친 후에는 기분 좋은 탈진이 우리를 기다릴 것이다. 하지만, 자유의지가 거세된 비자발적인 탈진 뒤에는 어두운 미래만이 우리를 기다릴 것이다. 문제는 우리 주위에 제대로 미칠 만한 사건이 그리 많지 않다는 거다. 제대로 미치지 못할 바에는 기분 좋은 탈진을 꿈꾸지 말아야 한다. 끝까지 살아남아서 우리가 진정으로 원하는 세상을 마음껏 누려야 하지 않을까?

에리히 프롬은 탐욕이란 결코 도달할 수 없는 목표를 향해 끝없이 노력하는 사람들을 탈진시키는 구덩이와 같다고 말했다. 쉬지 않고 바위를 들어 올리지만, 끊임없이 새로 굴러 오는 바위를 다시 들어 올려야만 하는 시시포스(Sisyphus)의 신화는 우리를 둘러싼 탈진사회의 축소판이다.

12라운드를 뛰어야 하는 권투선수들은 상대방을 때려야 하는 연습과 자신이 펀치를 맞는 연습을 병행해야 한다. 그들은 상대 복서의 카운터펀치에 다운을 당하기도 하지만, 상대방의 잔 펀치가 누적되어 다리가 풀리고 체력이 고갈되는 상태에 몰리기도 한다.

그대는 12라운드를 쓰러지지 않고 버틸 만한 맷집을 가지고 있는가?

그대는 12라운드를 무사히 뛰고 나서도 한 시간 넘게 달릴 수 있는 체력과 정신력을 가지고 있는가?

그대는 피로사회 뒤에 숨어 있는 탈진사회의 정체에 대해서 얼마나 알고 있는가?

내가 평일 아침마다 통과하는 광화문역에는 좀비들이 살고 있다. 그들은 탈진이란 모습을 한 시한부 인생임이 틀림없다.

사람들은 위인이 되는 것과 성공하는 것을 마치 동일개념인 듯 하나로 합체하고 혼란스러워한다. 위대해지는 것은 마틴 루서 킹 주니어처럼 되는 거다. 위대한 사람은 타인을 위하는 사랑을 갖추고 있고, 타인을 위해 헌신하고 그들의 삶을 섬기겠다는 마음을 품고 있다. 특히 대중에게 그러하다. 소수 이민자가족, 가난한 사람, 사회 부적응자, 고아. 바로 그들 속에 함께 있는 것이다. _코넬 웨스트

03

잡스가 위인이라고

초등학교 시절, 동네 문방구 입구에는 흑백 모니터로 만들어진 자그마한 오락기가 자리 잡고 있었다. 오락게임의 이름은 정확히 기억나지 않는다. 아마 한국식 표현으로 하면 '벽돌깨기' 정도가 아니었나 싶다.

일명 '벽돌깨기' 오락은 기계 하단에 있는 동그란 조절기를 왼쪽 또는 오른쪽으로 돌린 뒤 하얀 동그라미를 커서로 맞추면 다시 역방향으로 날아간 공이 벽돌을 부수는, 단순한 게임이었다. 벽돌 한판을 다 부수면 다음 판에 새로운 벽돌이 등장한다. 시간이 지날수록 공의 속도는 점점 빨라지고 조절기를 놀리는 손끝에는 온 신경이 집중된다. 동그라미를 세 번 놓치면 게임 오버. 지금은 사라진 50원짜리 동전을 투입구에 넣어야 게임을 할 수 있었다.

바지주머니에 넣어둔 동전이 떨어지면 자리에서 밀려나 순번을 기다리던 아이들이 하는 벽돌깨기를 멀거니 구경해야만 했다. 오락구경은 겨울철이라고 예외일 수 없었다. 독감에 걸려 코를 훌쩍거리며 벽돌깨기를 하는 녀석의 등 뒤에서 구경하다가 내가 흘린 큼지막한 콧물덩어리가 녀석 머리 위로 수직 낙하한 적도 있었다. 미안했지만 녀석의 오락게임을 방해하고 싶지 않았다. 다행히도 '벽돌깨기' 콧물사건은 공소시효가 만료된 지 오래다.

잡스의 '벽돌깨기 게임'

벽돌깨기의 미국식 이름이 브레이크 아웃(탈옥 또는 탈주)이라고 알게 된 것은 스티브 잡스 때문이었다. 스티브 잡스가 취직한 첫 번째 직장은 아타리라는 게임 회사였다. 그가 맡은 업무는 게임 프로그램 개발이었다. 당시 개발한 오락이 브레이크 아웃이라고 불리는 벽돌깨기 게임이다. 스티브 잡스가 게임기획자로 참여했던 벽돌깨기 게임은 그에게 커다란 의미이자 추억이었나 보다. 왜냐하면, 잡스가 개발했던 아이팟에 벽돌깨기 게임이 내장되어 있었기 때문이다.

스티브 잡스. 부모님 이름 석 자와 함께 많은 학생이 인정하는 위인의 이름이다. 그의 이름은 사후에도 일종의 랜드마크로 세상 사람들의 기억에 남을 것이다. 다음은 1분 만에 보는 스티브 잡스의 이력이다.

- 자유의 도시 샌프란시스코에서 탄생

- 양부모에게 입양되어 성장

- 미국 히피문화에 경도

- 마약과 동양철학에 심취

- 대학 1학년 중퇴 후 취직

- 애플 시리즈로 퍼스널 컴퓨터계를 석권

- 1980년 억만장자 대열에 합류

- 1984년 IBM의 대항마로 매킨토시 컴퓨터 개발

- 배타적 성격으로 학생시절부터 CEO 시절까지 동료들로부터 배척당함

- 1985년 레이건 대통령이 수여하는 국가기술훈장 접수

- 같은 해, 경영부실 때문에 회사에서 쫓겨남

- 1986년 조지 루커스 감독으로부터 픽사(Pixar)를 1,000만 달러에 인수

- 1996년 다시 애플사로 복귀

- 아이튠즈에 이어 아이팟이라는 MP3 개발

- 2007년 맥월드에서 아이폰 제작 발표

- 2010년 아이패드라는 태블릿 컴퓨터 개발

- 2011년 56세로 사망

스티브 잡스의 주요이력을 정리해 보았다. 다음으로 그가 가진 이력의 공통점을 찾아볼 차례다. 잡스의 이력에서 위인의 향기가 느껴지는가? 그렇다면 당신이 생각하는 위인의 기준은 무엇인가? 에디슨처럼 발명가이

자 창조적 능력을 갖춘 스티브 잡스가 위인 대열에 포함될 수도 있다. 그렇다면 위인에도 유행이 존재할까? 분명히 그렇다. 시대적 상황에 따라서 위인의 분류기준에도 분명 차이는 존재한다.

'위인'에도 유행이 있다

위인에 대해서 이원화된 분류를 해보았다. 첫 번째 분류는 빌 게이츠, 스티브 잡스, 잭 웰치, 에릭 슈밋, 앤드루 카네기. 두 번째 분류는 넬슨 만델라, 체 게바라, 달라이 라마, 마틴 루서 킹, 마하트마 간디.

첫 번째 분류의 공통점은 경영자로서 최고의 위치에 올랐던 이들이다. 부와 명예와 권력까지 무려 세 가지 요소를 한 손에 움켜쥔 인물들이다. 이들의 공통점은 호혜적 차원의 자기희생이 바탕이 된 행적은 남기지 않았다는 점이다.

물론 그들이 기업운영을 하면서 벌어들인 막대한 돈으로 사회에 기부행위를 한 행적은 인정한다. 하지만, 기부행위의 바탕에는 '기업 이미지 제고' 및 '사회활동을 통한 기업 광고'라는 정치적 배경을 무시할 수 없다. 그리고 기업의 돈이나 수익은 위에 나열한 CEO들이 마음대로 건드릴 수 없는 자금운용의 한계 또한 존재한다. 따라서 그들은 경영자로서의 삶에 집중한 결과, 최고 경영자를 꿈꾸는 세인들이 부러워할 만한 인지도와 명성을 얻었다는 사실 정도가 전부다.

두 번째 분류의 공통점은 첫 번째 나열한 인물들과는 사뭇 다른 역할을 했던 이들의 조합이라는 점이다. 우선 두 번째 분류에 등장하는 사람들은 부의 축적과는 거리가 먼 삶을 살았다. 그들은 자신의 유명세를 이용해서 부와 영속적 권력을 움켜쥘 기회가 첫 번째 분류에 등장하는 인물 못지않게 존재했다. 하지만, 그들은 이를 거부했다.

2013년 12월 5일 95세의 나이로 세상을 떠난 넬슨 만델라를 제외하고는 대부분 처형, 암살이라는 삶의 극단을 걸었던 인물들이다. 넬슨 만델라의 경우, 생전에 약 44억에 달하는 재산을 소유했다고 하지만, 그가 자신의 생명을 건 정치운동 과정에서 종신형을 선고받고 감옥에서 보낸 26년이라는 세월을 고려한다면 이야기가 달라진다.

나머지 인물들의 삶을 살펴보자. 그들은 하나같이 인류의 불평등 그리고 열악한 노동조건의 개선 등을 추구했던 삶을 살았다. 이들은 비뚤어진 세상 아래에서 고통받는 약자들을 위해 자신의 소중한 생명을 담보로 했다. 첫 번째 부류와는 출발점에서부터 근본적으로 커다란 차이를 보인다.

세상에는 극소수의 사람만이 더 나은 세상을 구현하기 위해서 자신의 모든 것을 바친다. 다음으로 일부 사람들만이 자신의 욕망과 금전적 이익보다는 세상에 도움이 될 수 있는 '무엇'을 하고자 하는 의지가 있다. 따라서 사람들이 받아들이는 위인의 정의 또한 제각각일 수밖에 없다. 다시 출발점으로 돌아가 보자. 스티브 잡스는 정말 위인일까?

그의 일대기를 정리한 책과 영화를 관심 있게 보았다. 책과 영화에서 보여준 스티브 잡스의 행적에는 자신이 원하는 일에 몰두하는 평범한 에

고이스트의 모습 이외에는 특별히 발견할 만한 무엇이 보이지 않았다. 스티브 잡스가 아니라도 누군가는 휴대폰의 기능을 업그레이드했을 것이고, 스티브 잡스가 아니라도 누군가는 애플의 CEO로서 돈과 명예를 얻었을 것이고, 스티브 잡스가 아니라도 누군가는 신상품 출시를 홍보하기 위해 멋진 프레젠테이션을 했을 것이다.

예술가와 경영자의 차이

스티브 잡스가 남겼던 명언들을 정리, 해석해 보았다. 다음은 1988년 미국의 경제 전문지인 〈포천〉과의 인터뷰에서 그가 한 말이다.

"끊임없이 실패의 위험을 감수하는 사람만이 예술가로 살아남을 수 있습니다. 밥 딜런과 피카소는 언제나 실패의 위험을 감수했습니다."

스티브 잡스가 존경한 밥 딜런은 1960년대부터 지금까지 음악활동을 멈추지 않고 있는 포크 뮤지션이다. 밥 딜런은 한때 '예수의 재림'이라는 말까지 나올 정도로 미국대중들로부터 엄청난 인기를 누렸던 음악가다.

예술가에게 창조행위는 크게 두 가지 특징을 가진다. 첫 번째는 자신이 진정으로 원하는 작품에 몰두하는 것이다. 이 경우는 상업성이라는 대전제 앞에서 실패라는 위험인자를 지니고 있다. 하지만, 돈의 유혹에서 어느 정도 자유로울 수 있다면 가능한 시도이기도 하다. 예술가가 아닌 일반인을 대상으로 한 실험에서 증명되었듯이, 일정 정도 이상의 경제적 급부가 보장되면 대부분 새로운 정신적 가치에 집중한다고 한다. 적은 보수에도 창조작업에 인생을 거는 이들을 이해하기 위해서는 이러한 가치사슬에 대한 이해가 전제되어야 한다.

두 번째는 상업성을 전제로 한 예술행위다. 수많은 예술가가 고민하는 상업적 예술행위는 1960년대 미술계를 주름잡았던 팝 아트 장르에서 본색을 드러낸다. 팝 아트의 대가인 앤디 워홀은 자신의 예술활동을 "내가 추구하는 예술은 단지 비즈니스 그 이상도 그 이하도 아니다."라고 선언한다.

하지만, 미술애호가들은 앤디 워홀을 예술가의 범주에 포함한다. (인상파 미술을 추종하는 일부 평론가의 경우, 앤디 워홀의 작품세계를 평가절하하는 경우도 있다.) 이는 앤디 워홀을 비즈니스맨이라기보다는 반 고흐나 잭슨 폴락 같은 창조적인 예술가로 분류한다는 점에서 의미가 있다.

팝 아트를 시도하는 예술가들 모두가 앤디 워홀처럼 부자가 될 수는 없다. 그들은 일정한 정도의 부가 보장되면 부의 추구를 보류하고 다시 자신이 원하는 예술세계로 회귀한다.

스티브 잡스는 예술가가 아니었다. 그가 이루어 놓은 새로운 미디어 개체에 창조능력이 수반되었음은 물론이다. 하지만, 그는 철저하게 자본시장에서 대우받을 수 있는 결과물에 대한 종속된 삶에 충실했다. 그에게 실패란 돈과 명예를 송두리째 포기해야 하는, 예술가들과는 근본적으로 다른 의미에서의 실패를 감당해야 하는 것이었다. 따라서 무한이익의 창출이라는 기업논리를 고려할 때, 스티브 잡스는 예술가가 아닌 개발자에서 경영자로 변신한 인물에 불과한 것이다.

빵점짜리 리더십

다음은 스티브 잡스가 1994년 롤링 스톤과의 인터뷰에서 한 말이다.

"나는 언제나 혁명적인 변화에 마음이 끌립니다. 왜 그런지 나도 모르겠습니다. 그것은 정말 힘들고 정신적으로도 더 많은 스트레스에 시달려야 했는데 말이죠. 그리고 저는 주변의 모든 사람으로부터 완전히 끝장이 났다는 소리까지 들어야 했습니다."

스티브 잡스가 말했던 '혁명적인 변화'에 대해서 살펴보자. 이를 체 게바라가 추구했던 정치적 이상과 결부시키는 독자는 없을 것이다. 스티브 잡스는 기업인이다. 신상품 개발에 집중해야 하는 일과는 스티브 잡스뿐 아니라 모든 기업인의 숙명이다. 다시 말하지만, 기업이 존재하기 위한 영원불변의 법칙은 무한수익의 창출이다.

일반적인 기업의 평균수명은 인간의 그것보다 길지 않다. 사람들은 어떤 기업이 경영부실 때문에 사라진다면 그 기업이 존재했던 경쟁우위적 요소를 불문하고 오로지 경영부실이라는 비판만을 쏟아낸다. 이러한 기업존속의 논리가 판을 치는 탈진사회에서 생존해야 했던 스티브 잡스 또한 대부분의 기업가처럼 성공에 대한 엄청난 압박을 받아야 했다. 단지 그는 그로기 상태에서 다시 일어나 기업가로서 정상에 등극했다는 점이 일반 기업인들과 구분되는 차이점이다.

"지금 당장은 위험한 것 같지만 그것은 언제나 좋은 징조입니다. 당신이 그것들을 다른 측면에서 꿰뚫어 볼 수 있다면 큰 성공을 이뤄낼 수 있습니다." 2007년 D5 콘퍼런스에서 스티브 잡스가 한 말이다.

스티브 잡스가 추구했던 세계는 미디어매체 개발을 통한 기업의 경영이었다. 그리고 그 극단에는 성공이라는 세속적 가치가 자리 잡고 있었다. '미래를 읽을 줄 아는 시선을 가진 자만이 성공을 보장할 수 있다.'라는 사실에 비춰볼 때 스티브 잡스는 선각자에 가깝다. 그는 수없는 좌절 끝에 세계 최고의 미디어 회사의 CEO로서 누릴 수 있는 부와 명예를 거머쥐었다.

그는 성공한 사람이라고 세인들은 말한다. 하지만, 스티브 잡스가 보여줬던 리더십은 한 마디로 영점 이하짜리였다. 20대 시절 스티브 잡스와 손잡고 일했던 지인들조차 스티브 잡스의 안하무인격인 직원관리에 손을 들었을 정도다. 기업을 운영하는 자의 조건에서 인격적인 부분을 거세한다면 인류는 미래에 슈퍼컴퓨터나 로봇을 CEO 자리에 대신 올려놓는 세상을 만들지도 모른다.

감정이 배제된 인격체를 가진 CEO는 그가 속한 조직의 성향마저도 냉혈조직으로 변화시킬 가능성이 높다. 사람은 존재하지 않고 오로지 기술력과 수익극대화만을 지상과제로 외치는 기업을 상상해보았는가? 혹시 스티브 잡스는 이러한 기업논리에 적합한 인물은 아니었을까?

"우리는 인간입니다. 우리는 실수를 합니다. 우리는 실수를 빨리 알아내죠. 바로 그것이 우리가 세상에서 고객들에게 가장 사랑받는 최고의 회사가 된 이유입니다." 2010년 아이폰 4 기자회견에서 스티브 잡스가 한 말이다.

감정적 실수에 주목하라

스티브 잡스는 인터뷰에서 인간이 저지르는 한 가지 실수만을 언급하고 있다. 여기에서 실수란 바로 기술적 실수다. 그는 기업을 경영하는 자의 처지에서 고객의 수요를 따라잡거나 아니면 이를 선도하는 데에 집중할 뿐이다. 고객의 욕망을 읽지 못하면 기업의 도태가 이어질 것이고 기업의 도태는 곧 스티브 잡스 본인의 도태와 직결한다.

인간이 저지르는 가장 중요한 실수는 기술적 실수가 아니다. 그것은 감정적 실수다. 사람들에게 마음의 상처를 주고, 사람들의 기대를 저버리고, 사람들의 기억 속에서 좋지 않은 이미지를 남겨 놓는 사람은 감정적 실수를 반복한다는 사실을 스티브 잡스는 간과하고 있다.

스티브 잡스를 자신의 롤 모델로 삼는 이들이라면 혹시라도 기술적 실수를 염두에 둔 인생관을 가지고 있지는 않을까? 조금 더 나아가서 오로지 기술적 실수만을 극복하기 위해서 감정적 실수를 덮어버리는 인격적 오류를 범하지는 않는지 생각해보아야 한다.

위인의 척도는 정말이지 다양하다. 인권운동가, 지식인, 발명가, 예술가, 사상가, 종교인 등 여러 분야에서 자신의 이름을 세상에 알린 이들이 밤하늘의 별처럼 세인들의 기억 속에 촘촘히 자리 잡고 있다.

위인에게도 유행이 있다는 논리는 환경에 따라서 위인의 척도가 정해진다는 것과 연관성이 있다. 대부분 국가가 신자유주의의 사정권에 속해 있는 지금, 위인의 모습은 자본의 획득 여부로 그 범위를 좁혀가고 있다.

즉, 인간 본연의 가치 이전에 물질적 가치가 선행하는 현실 속에서 인간은 살고 있다. 만일 스티브 잡스가 수백억 원대의 재산가이자 CEO가 아니라 단지 매킨토시와 아이폰 기술을 발명한 평범한 월급쟁이였다면 과연 그를 위인의 반열에 올릴 사람들이 얼마나 될지 생각해볼 일이다.

다시 질문해 보자. 스티브 잡스는 위인인가? 스티브 잡스는 위인일 수도, 아닐 수도 있다. 위인의 척도로서 스티브 잡스나 빌 게이츠 같은 미디어계의 CEO이자 억만장자들이 모델이 되는 사회를 우리는 '탈진사회'라고 부른다.

스마트폰도, 스티브 잡스도 더욱 인간적인 세상을 꿈꾸는 이들에게 필요한 보조장치 정도가 아닐까? 우리는 스스로 원하는 위인을 선택할 자유가 있다. 남들이 추종하는 위인의 척도에 자신을 종속시키는 오류를 범하고 있지는 않은지 반성해볼 일이다. '탈진사회의 초상'은 우리들의 일그러진 영웅들이 위인이라는 가면을 쓴 채 미디어를 지배하는 세상이라는 점을 잊지 말자.

진정한 위인은 텔레비전이나 언론매체에 자주 등장하는 이들이 아닌, 우리 주위에서 살고 있는 따뜻한 심장의 소유자들이다. 위인들은 늘 우리 가까이에서 호흡하고 있다. 우리는 멀리 보이는 위인이 아닌, 가까운 이웃에서 사는 위인을 발견할 수 있는 시선을 갖추어야 한다.

내가 읽고 감명받은 책들 대부분이 소수자에 의해 쓰였다. 소수자가 아닌 한 사회의 주류로 살면 그 사회가 돌아가는 방식에 대해 의문을 품을 여유가 없다. 사회에 적응하여 성공하는 것이 중요한 마당에 시스템 자체를 회의하는 것은 불필요하기 때문이다. _이유정

04

록키의 사생활

영화 〈록키〉를 기억하는가?

1976년 시리즈 1편이 등장하면서 무려 30년 동안 속편에 속편이 이어진 스포츠 영화의 교본이 바로 〈록키〉다. '록키 마르시아노'라는 실존 인물을 소재로 한 이 영화는 배우 실베스터 스탤론을 세계적인 영화배우로 알려지게 했다. 하지만, 이 영화는 '초기작을 능가하는 속편은 존재하지 않는다.'라는 영화계의 속설을 그대로 입증하고 있다.

영화 〈록키〉 시리즈 속편들은 흥행 면에서 1편을 능가하는 기록을 세운다. 당연한 이야기지만, 흥행을 전제로 하지 않은 속편의 제작은 할리우드 영화시스템에서 있을 수 없는 일이다. 영화 제작자는 〈록키〉 시리즈의 마지막 편인 〈록키 발보아〉 정도를 제외하고는 대부분 비슷한 결론으로 속편들을 마무리한다. 즉, 복서 록키는 권투와 인생에서 모두 승자로 미화된다. 여기에서 영화 〈록키〉 1편과 나머지 속편들의 차이점이 존재한다.

주인공 〈록키〉는 사채업자 아래서 일하는, 소위 건달이다. 그는 채무자를 찾아가서 폭력을 행사하며 빚을 받아내는 일을 통해서 돈을 번다. 하지만, 그에게는 권투라는 작은 희망이 있다. 록키는 강한 맷집과 함께 기본기는 부족하지만, 투지가 넘치는 복싱 스타일을 가진 선수라는 데서 영화는 출발한다. 문제는 그의 직업이다. 세계적인 복싱선수를 꿈꾸는 록키. 그렇지만 복싱도장의 관장은 사채업자의 하수인으로 살고 있는 록키를 멀리한다. 아드리안이라는 여자친구를 만나면서 새 출발을 다짐하는 록키. 그는 결국 자신이 하던 일을 관두고, 복싱에 전념한다.

여기에서부터 '기회의 나라'라는 미국을 암시하는 스토리텔링이 정체를 드러내기 시작한다. 무명의 백인복서라는 이유 하나로 세계 챔피언 아폴로의 상대로 선발되는 록키. 그에게는 챔피언 도전이라는 기회가 주어진다. 영화의 주제곡이 흘러나오면서 필라델피아 거리를 달리는 록키의 모습이 스크린을 가득 메운다. 과연 그는 천재일우의 기회를 잡을 것인가? 다음은 영화 〈록키 발보아〉에서 등장했던 실베스터 스탤론의 대사다. 대화는 록키가 그의 아들에게 충고하는 내용으로 이루어져 있다.

인생은 얼마나 성공적으로 사느냐가 아니라
내가 얼마나 치열하게 사느냐가 중요한 거야.
우리는 45분을 위해서 4만 5천 분을 뛰어야 해.

이 세상은 결코 따스한 햇볕과 무지개로만 채워지지 않아.

온갖 추악한 인간사와 더러운 세상만사가 공존하는 곳이지.

난 네가 거칠게만 살아가길 원하진 않아.

하지만, 너와 나 그리고 모든 사람에게 인생이란 결국 난타전이야.

네가 얼마나 센 펀치를 날리는가가 아니라 네가 끝없이 맞아가면서도

조금씩 앞으로 나아가며 하나씩 얻어나가는 게 중요한 거야.

계속 전진하면서 말이야.

그게 바로 진정한 승리야.

몇 대 맞지 않으려고 남과 세상을 탓해선 안 돼.

네가 정말 치열하게 살아볼 의지가 있다면

넌 타인의 시선에 연연하지 않고 네가 되고 싶은 사람이 될 수 있어.

겁낼 필요가 없어.

그건 네 모습이 아니잖아.

영화 〈록키〉 1편의 마지막 장면은 사각의 링에서 펼쳐진다. 연승가도를 달리는 챔피언 아폴로와 록키의 15회전(비운의 복서 김득구의 사망 이전까지 프로복서의 세계 타이틀 매치는 15회전 경기가 원칙이었다.) 시합이다. 록키는 권투전문가들의 예상대로 아폴로의 소나기 펀치를 속수무책으로 얻어맞는다. 하지만, 록키는 경기를 포기하지 않는다.

회를 거듭할수록 록키의 불같은 투지에 당황하는 챔피언 아폴로. 결국, 경기는 15회를 마치는 종을 울리고 록키는 판정패를 당한다. 여기에서 중

요한 장면은 최종 판정을 알리는 심판의 목소리에 록키가 전혀 귀를 기울이지 않는다는 것이다. 영화는 아폴로와의 경기에서 최선을 다한 록키에게 방점을 찍는다. 결과에 연연하지 않고 최선을 다하는 무명복서의 삶을 영화에서는 보여주고 있다.

하지만, 우리가 살고 있는 현실은 최선을 다한 자에게 기회를 건네지 않는다. 노력하는 자 따로, 결과를 쟁취하는 자 따로 존재하는 것이 작금의 사회다. 따라서 현실사회에서 〈록키〉의 사생활은 영화처럼 영예롭지 못할 확률이 지대하다.

영화 〈록키〉의 초반부는 '탈진사회'를 살아가는 남자들의 삶을 적나라하게 보여주고 있다. 돈을 벌기 위해서 채무자를 협박하는 주인공의 태도도, 무명복서로 하루하루를 살아가는 주인공의 비루한 일상도, 주인공의 직업을 비난하는 관장의 날이 선 모습도, 탈진사회의 뒷모습과 크게 다르지 않다.

도전자 록키는 아폴로와의 시합을 앞두고 전력의 열세라는 세평에 흔들린다. 당연한 현상이다. 대부분 사람은 자신이 이길 수 없는 승부에 집착하지 않는다. 적어도 비슷하거나 우세를 예상하는 승부에 인생을 걸어도 알 수 없는 것이 사람의 미래다. 따라서 록키는 아폴로와 시합의 의미를 스스로 새롭게 정의한다. '이기는 경기가 아닌, 최선을 다하는 경기를 하자.'라고.

영화는 이러한 과정을 친절하게 설명하지 않는다. 이미 관객들은 주연배우 록키의 극적인 승리를 원하기 때문이다. 관객의 기대를 배신한 영화는 자본주의 시장에서 살아남지 못한다. 따라서 영화는 록키에게 새로운 의무를 부여한다. 경기에서 지더라도 인생에서는 승리하는 도전자의 모습을 영화를 통해서 보여주자는 것이다. 이것이 록키의 의무이자 역할이다.

영원한 승자는 없다

영화의 주연이자 시나리오를 완성했던 배우 실베스터 스탤론은 이탈리아계 무명배우였던 자신의 삶을 〈록키〉를 통해서 생생하게 투영하고 있다. 영화 〈록키〉의 제작사에서는 당시 미국 유명배우였던 버트 레이놀즈나 로버트 레드포드를 원했다.

영화제작에서 주연배우의 인지도는 흥행을 좌우하는 결정적인 기준으로 작용한다. 실베스터 스탤론은 자신이 주연배우를 해야만 한다는 주장을 굽히지 않는다. 결국, 제작사는 실베스터 스탤론에게 한 푼의 출연료도 제공하지 않되, 영화수익의 10%를 제공한다는 열악한 조건으로 영화제작에 착수했다.

앞의 내용 중 '아폴로의 미소'에서는, 주인공이 아폴로라는 가상의 인물에게 KO패를 당하면서 마무리된다. 이 부분만큼은 영화 〈록키〉의 결말과 크게 다르지 않다. 여기서 중요한 것은 라운드를 마친 후다. 앞에서 소개했던 〈록키 발보아〉의 대사처럼 다시 일어설 수 있는지에 따라서 삶은 달라진다. 아폴로 또한 탈진사회에서 영원한 승자로 살 수 없는 존재다.

누군가는 아폴로를 밀어내고 새로운 챔피언이 될 것이고, 그 자리는 또 다른 도전자가 차지할 것이다.

사회에서의 성공을 위해서는 악수보다는 결정타를 남발해야만 한다. 아니면, 성공을 미끼로 비워놓은 단 하나뿐인 자리를 차지하기 위해서 질긴 싸움을 반복해야만 한다. 어차피 성공은 탈진사회가 만들어 놓은 덫에 불과하다.

하나의 자리를 놓고 수많은 사람이 사투를 벌여야만 사회는 제대로 돌아간다. 과연 그럴까? 일등을 차지하지 못한 대부분 사람은 패배자며 낙오자일까? 성공의 방정식으로 보면 답은 뻔하다. 하지만, 성공의 척도가 아닌, 삶의 척도로 세상을 바라볼 때 이야기는 달라진다.

우리는 수많은 사물과 현상을 함께 바라보면서 살고 있다. 그러나 우리가 가지는 느낌과 생각은 제각각이다. 모든 사람이 성공이라는, 승리라는 교집합의 함정 속에서 헤매고 있는 한 탈진사회의 그물망은 쉽게 열리지 않을 것이다. 시합에서 질 수도, 비길 수도 있다. 중요한 것은 시합을 바라보는 선수의 시선이다. 관중의 야유와 환호에 흔들리지 않는 자신만의 시선을 가져야 한다. 누구도 그것을 대신해주지 않는다. 처음에는 무척 외롭고 힘들 것이다.

탈진사회의 역사는 개인의 인생살이보다 길고 복잡하다. 하지만, 이러한 역사의 흐름을 거스를 수 있는 존재가 있다. 바로 역사를 바라보는 개개인의 가치관이다. 보이는 역사가 아닌 스스로 길을 찾아가는 역사를 만들어야 한다. 그 길이 자갈밭이나 가시밭길일 수도 있다. 지금의 고통이 영원히 지속할 수도 있다. 이제 그만 포기하라는 유혹이 악마의 속삭임처럼 귓전을 맴돌 수도 있다. 이러한 고통과 좌절 속에서 더운 피를 흘렸던 시간이 쌓이고 쌓여 한 사람의 삶을 완성한다는 사실을 잊어서는 안 될 것이다.

영화 〈록키〉의 사생활은 승자의 역사가 아닌, 탈진사회 속에서 패자로 살아가야만 하는 이웃들의 삶 그 이상도, 이하도 아니다. 남들과 다른 삶을 꿈꾸는가? 그렇다면 남들과 다른 시각을 가져야 한다. 그 과정을 통해서 우리는 탈진사회를 힘차게 뚫고 나올 수 있는 용기와 영민함을 얻을 수 있다.

나는 모든 사람이 가난뱅이라고 생각한다. 그런 의미에서 하고 싶은 것을 하는 삶이 승리하는 삶이라고 생각한다. 그리고 사회에서 대부분이 패자고 극히 소수만이 승자라면, 그 틀에서 내려와 이제는 다른 삶을 살아보자고 말하고 싶다. _마쓰모토 하지메

05

1% 불변의 법칙

대한민국 상위 1%. 무엇이 떠오르는가? 1%의 법칙에서 독서량, 학습시간, 사회봉사활동 지수 등을 떠올리는 사람이 있는가? 일단 축하의 박수를 보낸다. 그는 탈진사회의 사정거리에서 멀리 떨어져 있는 존재다. 그대는 상위 1%에 들어가는 소중한 존재임이 분명하다.

인터넷을 검색해 보면 대한민국 상위 1%의 조건은 아쉽게도 독서, 학습, 봉사라는 개념과는 아무런 관련이 없다. 미디어에 의하면 대한민국 상위 1%의 기준은 연평균 소득, 자산 총액 두 가지로 결정된다.

다시 좁혀 들어가 보자. 대한민국 상위 1%의 연평균 소득은 약 3억, 자산 총액은 약 20억에 달한다. 상위 1%의 연봉은 직장인으로 따지면 대기업 임원이 받는 액수다. 상위 1%라는 비율은 일반 직장인이 바늘구멍이라고 말하는, 임원으로 당첨되는 확률과 근접한 수치다.

소득과 자산 순위를 기준으로 1%의 직업을 살펴보자. 상위 1%에 해당하는 직업군은 과연 어떤 이들인가? 이들은 소위 '사' 자로 대변되는 전문직이다. 그들은 의사, 변호사, 판검사, 변리사가 되기 위한 국가고시 또는 시험을 위해서 치열한 학창시절을 보내야 했던 이들이다. 여기에서 치열함이란 자신의 입신양명을 위해서 암기로봇처럼 시험과의 전쟁을 준비했던 열정을 의미한다.

인터넷을 포함한 미디어의 제작 기준은 철저하게 대중들의 눈높이에 근거한다. 따라서 미디어 생산자, 즉 대중에게 다양한 정보를 전달하는 자들은 이렇게 항변한다. "우리는 여론주도층이 아니라 여론추종층이다."라고. 이는 시청률이라는 미디어계의 불문율에 근거한 발언이다.

방송제작자 또는 미디어 기획자가 아무리 좋은 아이디어로 정보를 전파한다 해도 대중들이 시선을 돌리면 바로 점방문을 닫아야 하는 곳이 미디어 업계다. 현대의 대중들은 상위 1%라는 기준에 자본, 즉 소득과 자산을 첫째 기준으로 삼는다는 점을 미디어 주도층에 종사하는 이들은 정확히 인지하고 있다. 따라서 미디어 업계는 대중이 원하는 자본의 논리를 미디어에 재편집하여 전파한다. 방송의 속성은 철저하게 자본의 논리에 종속된다.

결국, 자본의 유무에 따라서 대한민국의 상위 1%가 결정 난다. 이러한 구분 기준은 계급의 분류를 철저하게 자본의 과다에 따라서 판별한다는 것을 의미한다. 이제는 직업도, 가치관도, 가방끈의 길이도 계급을 구분하는 결정적인 잣대가 될 수 없는 사회로 이전했다. 소위 1% 자본가들만이 대접받고 인정받는 탈진사회가 등장한 것이다.

중필이가 말하고자 하는 것

한국영화 〈품행제로〉에서는 배우 류승범이 문덕고등학교의 싸움꾼으로 등장한다. 그는 문덕고등학교 내에서 이른바 상위 1% 내에 드는 주먹이다. 학창시절 주목받는 남학생 집단의 상위 1% 법칙은 의외로 단순하다. 성적 아니면 주먹이 그것이다. 성적 우수자가 학교의 지식계급이라면, 나머지 하나는 일진, 즉 폭력계급을 의미한다. 따라서 영화에서 중필이로 등장하는 류승범의 존재방식은 자신이 가장 강하다고 생각하는 부분, 즉 폭력의 정당화를 통해서 완성된다.

일진 중필이의 일상은 그리 녹록지 않다. 최상위권의 성적을 유지하는 학생들의 가장 큰 고민은 그를 둘러싼 경쟁자들, 하위집단을 이루는 차순위 성적우수자들이다. 따라서 최상위 성적우수자에게는 늘 1등을 고수해야 한다는 불안감이 스토커처럼 따라다닌다. 이러한 불안감은 순위가 매겨지는 시험기간마다 반복된다. 순위매기기 경쟁에 익숙한 한국사회에서는 모든 학생이 숫자놀음의 노예로 살아간다.

중필이가 살고 있는 폭력의 세계 또한 예외가 아니다. 그는 문덕고등학교의 일진이다. 하지만, 중필이가 다니는 학교로 전학 온 폭력조직 출신의 김상만이 도전장을 내미는 순간, 중필이는 자신의 존재가치에 대해서 불안에 빠진다. 결국, 중필이와 상만은 피할 수 없는 대결을 펼친다. 예상대로 그들은 주먹싸움이라는 폭력적인 방법을 선택한다. 중필이는 천신만고 끝에 상만과의 싸움에서 승리한다.

영화의 하이라이트는 상만과의 대결에서 승리한 중필의 모습이다. 그는 조금도 기쁘거나 즐겁지 않은 표정으로 싸움을 구경하던 학우들을 응시한다. 구경꾼이자 방관자로 등장하는 학급 친구들은 중필에게 있어서 상만이상의 부담거리였다는 사실이 밝혀지는 순간이다. 문덕고 일진 중필은 싸움을 지켜보는 학우들의 시선이 두려웠던 것이다. 중필이라는 개인과 이를 바라보는 사회적 시선과의 첨예한 대립을 이 영화처럼 낱낱이 보여주는 학생영화도 흔치 않다.

1등만을 강요하는 지질한 사회

학교라는 조직에서만 순위매기기가 존재하지 않는다. 스포츠계에서도 순위매기기 경쟁은 존재한다. 2014년 소치동계올림픽에서 금메달을 차지했던 이상화(스피드 스케이팅 500m)는 수상 인터뷰에서 '메달의 색깔 여부와 관계없이 기뻐하는 외국선수들이 부러웠다.'라고 토로했다.

2014년 인천 아시안게임에서 동메달을 목에 걸었던 박태환 선수 표정 또한 그리 밝지 못했다. 확실한 것은 박태환이 없었다면 아시안게임 수영 개인전에서 한국은 노메달로 그쳐야 했다는 사실이다. 하지만, 매스컴은 동메달 3개의 가치보다 국가 간 순위 경쟁에서 도움이 되는 금메달 1개에 촉각을 곤두세우는 촌극을 매번 반복 중이다.

시상대에서 은메달 또는 동메달을 목에 건 채 환한 웃음으로 기뻐하는 한국선수들을 몇이나 보았는가? 은메달 또는 동메달이 확정되어 시상대에 오른 대부분의 한국선수는 금메달을 차지하지 못한 자신을 자책하는 표정을 판박이처럼 보여준다. 그들에게 금메달과 은메달의 차이는 계급을 의미한다. 1등은 승자이지만 은메달로 평가받는 2등은 패자를 의미한다. 아니 그렇게 학교와 사회에서 교육을 받았던 것이다. 한국사회에서 2등은 결코 대접받지 못한다는 사실을 선수들은 너무나도 잘 알고 있다. 1등만을 강요하는 탈진사회에서 2등이 설 자리는 아무 데에도 없다.

순위경쟁의 과열현상은 직장에서도 변함없이 나타난다. 매출액에 따라서 회사의 수익이 좌지우지되는 상황에서 직원들의 인격은 순위경쟁 밖으로 멀리 밀려난다. 이른바 "실적이 곧 인격이다."라는 구호만이 존재하는 전쟁터가 바로 직장이다.

직장인들의 꿈은 무엇일까? 화이트칼라(White Collar) 계급에 속하는 직장에 취직하는 신입사원들의 꿈이자 목표는 무엇일까? 그들은 "제 꿈은 넥스트 CEO가 되는 것입니다."라고 앵무새처럼 신입사원 면접시간에 외칠 것이다. 그렇다면 회사의 CEO가 받는 연봉은 얼마일까? 회사규모에 따라 다르겠지만 상장회사 중에서도 대기업군에 속하는 회사의 CEO는 수도권의 20평대 아파트 가격에 달하는 연봉을 매년 받는다. 이러한 현상은 1997년 한국 경기불황의 여파로 살인적인 기업매각이 이루어지면서 외국계 회사들이 우후죽순처럼 한국사회로 진입하면서 시작되었다. 당연히 직원들의 업무강도는 이전과 비교할 수 없을 정도로 심해졌다. 이와는 대조적으로 회사 CEO에게는 과거와 비교하면 몇 배에 달하는 연봉이 주어졌다.

회사의 발전을 위해서 몸바쳐 일하는 최고경영권자의 이미지가 1997년 이전 기업 CEO였다면, 이 이후 CEO의 이미지는 개인사업가에 버금가는, 엄청난 연봉을 받는 부자의 이미지로 탈바꿈했다. 1%의 법칙이 아닌 0.1~0.01%를 오가는 기업의 CEO라는 자리. 사원들은 복권당첨에 버금가는 확률이라고 말하는 기업 CEO라는 자리에 오르기 위해서 자신의 팔뚝에 마취주사를 투입한다. 살인적인 야근도, 상사의 무지막지한 폭언과 업무지시에도 대다수의 직장인은 회사에 자신의 모든 것을 바친다. 이러한 이면에는 CEO라는 환상이 만들어내는 집단최면 현상이 숨어 있다.

어쩌다가 한국이라는 사회가 '등수매기기 노이로제' 중증환자들을 양산하는 전쟁터로 변했을까? 순위라면 자다가도 이단 옆차기를 날려야 하는 환자들의 천국, 순위에 광적으로 집착하는 서열사회에서 인간의 정의는 수면 아래로 묻혀 버릴 수밖에 없다.

오, 당신들의 나라

미국의 사회운동가이자 저널리스트인 바버라 에런라이크는 자신의 저서 『오! 당신들의 나라』에서 선택받은 자들이 판치는 미국사회를 다음과 같이 비판하고 있다.

〈뉴욕 타임스 매거진〉을 따르면, 1979년 이후 소득 상위 1퍼센트가 전체 가계소득에서 차지하는 비중이 7퍼센트 포인트 증가했다고 한다. 같은 기간 하위 80퍼센트 가계의 비중은 7퍼센트 포인트 감소했다. 이는 하위 80퍼센트의 가계가 매년 7,000달러짜리 수표를 써서 상위 1퍼센트 가계에 보태 주는 격이다.

부의 양극화 현상은 중산층의 붕괴를 의미한다. 빈부격차에 따라서 계급이 세분되는 신자유주의 경제시스템에서 부의 집중화 현상은 가속페달을 밟은 지 오래다. 소득의 많고 적음에 따라서 국민 전체의 미래가 좌지우지되는 전근대적인 탈진사회가 탄생한 것이다. 부를 중심으로 사회가 재편되는 과정을 의미하는 부의 확대재생산 현상은 다양한 사회적 부작용을 일으킨다.

자본가들은 축적한 부를 이용하여 탈진사회의 배후조종자로 활약한다. 그들은 뇌물수수, 탈세, 비합법적 증여 등 부의 재편성을 위해서 최선을 다한다. 배고픔을 이기지 못해 가게에 들어가 천 원짜리 빵을 훔친 자는 징역살이를 해야 한다. 그러나 수천 억대의 재산에 부과되는 세금을 피하기 위해서 세금전문가를 고용하여 이루어지는 조직적인 탈세를 시도하는 재벌들은 미꾸라지처럼 법망을 피해 간다.

결과적으로 위법의 주체에 따라서 그들에게 내려지는 죄의 판결결과가 달라지는 악순환이 반복된다. 이런 사태는 상위 1% 자본가를 지향하는 일반인들에게 학습효과를 부여한다. 나머지 99%의 사람들은 수단과 방법을 가리지 않고 상위 1%의 먹이사슬에 포함되기만 한다면 부의 독점뿐 아니라 명예와 권력까지도 동시에 움켜쥔 사실을 자연스럽게 받아들인다.

비극은 여기에서 그치지 않는다. 상위 1%의 범주에 포함된 이들은 자신들의 순수한 노력으로 사회 주류세력에 안착했다고 믿는다. 따라서 그들은 나머지 99%에 대한 별다른 배려의식을 가지지 않는다. 우리는 1%의 법칙이 반복되는 현상을 당연하다고 믿어야 할까?

나꼼수 멤버였던 김어준은 매체와의 인터뷰에서 유명한 사람들이나 돈을 많이 번 사람들이 자기가 얼마나 운이 좋은지 자각해야 한다고 말한다. 상위 1%의 계급에 포함된 사람들을 성공한 자들이라고 전제한다면 그들은 굉장히 복합적인 운과 때가 작용한 것이라고 그는 설명한다. 따라서 모든 성공한 사람들, 알려진 사람들은 10퍼센트의 능력과 90퍼센트의 운이 작용했다고 말한다. 그는 10퍼센트의 능력이라는 것도 그 운이 올 때까지 버티는 능력에 불과하다고 주장한다.

사회가 1%의 법칙에 반대하는 이들의 주장에 귀 기울이지 않을 때, 불신과 불평등이라는 문제에 봉착한다. 프랑스 대혁명, 일본의 전공투(전국학생공동투쟁회의), 한국의 6·29민주화선언은 단순히 정치적 이슈라는 커다란 틀에서만 해석되지 않는 무엇이 존재한다. 이는 1%의 법칙과 연관성을 가지는 사건들이다.

1% 법칙의 기준을 오로지 부의 소유 여부에 따라서 이해하는 사회는 탈진사회다. 돈의 흐름은 공기와 같다. 지구상에 존재하는 공기의 양이 일정하다고 전제할 때, 그 공기를 누군가는 많이 소유하고 누군가는 공기의 결핍으로 인해 산소호흡기를 달고 평생을 살아야 한다면 그것이 과연 건

강한 사회일까? 공기를 많이 소유한 사람들은 공기를 적게 가진 이들을 바라볼 때 어떤 의식을 가져야 할지 명확해진다. 상대방과 자신과의 경계선이 단단하고 명확할수록 사회는 각박해진다. 불교에서 말하듯 자신과 상대방이 다르지 않다는 점에서 자비의식이 출발한다는 교리를 참고한다면 1%의 법칙은 새롭게 정의되어야만 한다.

1% 기준에 속지 말자

그렇다면 바람직한 1%의 범주에 들어가야 할 존재는 어떤 사람들일까? 적어도 부의 소유 여부를 1% 기준에 포함하기에는 앞에서 언급했던 문제점들이 산재해 있다. 그렇다면 '부를 제외한 상태에서 1%의 범주에 포함한 사람은 어떤 능력을 갖춘 자여야 할까? 1%의 법칙 뒤에 존재하는 인간이란 어떤 존재일까?'라는 부분에 대한 정의가 먼저 정립되어야 할 필요가 있다.

첫 번째로 생물학적인 인간의 정의가 필요하다. 인간은 이미 동물과 비교할 때, 상대적으로 높은 지능을 소유한 존재임이 밝혀졌다. 인간은 문화를 만들어 왔다. 이러한 문화 속에는 예술, 윤리, 스포츠 등 다양한 요소들이 어우러져 다시 인간을 교육하고 성장시킨다.

정기영 교수는 '생물학적 인간관'을 정리하면서 유전자의 생존과 번식 성향을 토대로 생명현상을 설명하려는 진화론자들에게 가장 설명하기 힘든 현상 중 하나는 이타적 행위, 특히 자기희생적인 행위를 꼽을 수 있다고 말한다. 하지만, 유전자적인 관점에서 본다면 모든 생명체의 형태는 이 기적이다. 이러한 유전자의 생존법칙은 인간에게도 대입할 수 있다. 인간 행태의 근거에는 생명현상을 지배하는 유전자의 법칙이 존재한다.

'생물학적 인간관'을 따르면 사람은 누구나 사회적 환경을 의식하고, 다른 사람들이 자신을 칭송하는 상황을 원한다. 반면 사람은 다른 이들이 자신을 경멸하는 상황을 회피한다. 또한, 누구나 자부심을 느끼고 싶어하며, 누구나 존경받고 싶은 기제가 인간에게 내재하여 있다.

"여타 문화권과 매우 다른 가치관을 가진 사회라도 바람직한 인간상이 존재한다. 그러한 이상에 부응하는 이들을 평가한다는 점에서 인간은 생물학적 심리 메커니즘에 의존하고 있다."라고 정 교수는 말한다. 인간이 창조한 하나의 사상이 한 시대를 풍미하는 데서 그치는가, 아니면 지속가능한 위대한 사상으로 남는가는 인간의 의식이 결정한다는 것이다. 생물학적 인간관은 결과적으로 반성적 체험의 여부에 따라서 가치를 판명할 수 있다.

두 번째로 플라톤적 인간관이 존재한다. 최정식 교수가 정리한 '플라톤적 인간관'을 따르면 인간은 육체의 혼란을 극복하고 이성과 질서로 나아가야 한다. 그것이야말로 인간의 진정한 본성을 발휘하는 길이다. 방법론적으로 접근해 보자. 하나는 인간들의 모임인 국가의 기능을 높이는 것이며, 다른 하나는 개인적 차원에서 이성적 사유력을 높이는 것이다. 이는 불가분한 형태로 연결되어 있다고 플라톤은 강조한다.

플라톤에게 인간이란 영혼과 육체가 결합한 복합적 존재이거나 신과 짐승 사이의 중간적 존재다. 따라서 우주의 밑그림을 그리고, 그 속에서 개인과 국가를 자리매김하고, 그런 조건하에서 국가와 개인이 어떻게 행동할 것인지가 정해져야 한다는 점이 플라톤적 인간관의 핵심이다.

최정식 교수가 말한 바로는 국가를 지도하든, 개인적 수양을 하든, 인간이 나아가야 할 길은 결론적으로 이성을 발현하는 것이다. 이성은 형상과 능동력이라는 두 가지 원천을 내포한다. 그 결과 이성의 궁극적 지향점은 최고의 형상이 되며, 불변의 본성에 대한 명상이 인간의 최대 목적이 된다.

마지막으로 종교적 관점에서 말하는 인간의 정의다. 우선 김수중 교수가 정의하는 '유가적 인간관'이 그것이다. 유가는 신을 인정하지 않는다. 그리고 유가는 인간학이나 윤리학을 주 내용으로 삼고 있다. 유가는 인간을 철저하게 사회적 존재로 이해한다. 유가에서 바라본 인간의 도덕적 자아의 확립은 사회적 실천과 서로 짝을 이루어야만 한다.

김 교수는 인간과 다른 존재를 구별해 주는 리(理)와 의(義), 혹은 인의예지(仁義禮智)를 성리학적 차원에서 인간의 본질 혹은 본성이라고 규정한다. 하지만, 현실 속에서 인간의 본질은 그대로 드러나지 않는다. 그것은 신체를 가지고 있는 인간의 기질지성이 불완전하여 과불급이 있기 때문이다. 인간으로서 자기완성의 길은 어떻게 기질을 수련하여 본연지성을 회복할 것인가에 달려 있다. 성리학자들에 의하면 어떤 일을 행하고자 할 때에는 사태를 자세히 살펴 대처함으로써 인간은 도리에 맞게 살아갈 수 있다고 본다. "누구나 과불급이 없게, 도리에 맞게 살아갈 때, 인간사회는 도덕성을 회복할 수 있다."라고 유가적 인간관은 말한다.

다음은 허우성 교수가 말하는 '불교의 인간관'이다. 불교는 욕망에서 나오는 일체의 행위가 고통이라는 전제하에서 인간이 지향해야 할 진정한 행복을 설명한다. 불교는 인간이 행복을 추구하고 고통을 피하려 하는 존재라고 말한다. 허 교수는 현대적 관점에서 불교에서 의미하는 인간의 존재를 정의한다. 그는 현대사회가 감각적인 자극이 과거보다 훨씬 치열하고 교묘해졌다고 말한다. "욕망, 무한경쟁, 정염(情炎), 이 모든 것들이 전 지구적으로 확산된 자본주의 문명이라는 역경 안에서 세속의 문명이 욕망에서 벗어나려는 불교의 이념과 상충하는 상황에 놓여 있다."라고 허우성 교수는 말한다.

마지막으로 남기영 교수가 정리하는 '기독교의 인간관'이다. 기독교의 인간론은 창조주의 차원에서 결정되었다는 일종의 본성론이다. 기독교의 본성론은 개인의 차원과 종의 차원과 영원의 차원을 부정하는 것이 아니라 이를 포함한다. 인간은 누구나 개인인 동시에 인간이며, 유한한 동시에 무한하며, 존재하는 신의 피조물이다.

기독교적 인간론은 결국 결정론적, 목적론적, 운명론적이라고 남기영 교수는 정의한다. 달리 말하면 인간의 기원과 행동기능과 목적은 나 아닌 신에 의해서 결정된다. 그리고 인간은 신에 의해서 결정된 이러한 자아를 소멸시킬 수도, 피할 수도, 거부할 수도 없기 때문에 운명론적이다.

기독교적 운명론은 게으른 운명론이나 팔자론이 아니라, 초월적 규범론이며 실천론에 속한다. "인간의 목적은 인간의 밖에서 결정되었음에도 인간은 인간의 존재를 전제로 하면서 인간이 실현할 수 없는 목적을 실현하지 않으면 안 된다."라고 그는 말한다.

탈진이라는 이름의 급행전차

인간과 이성, 사회와의 연계성은 앞에서 언급한 인간을 규정하는 기본요소다. 생물학적 인간, 플라톤적 인간, 종교적 인간의 공통점은 인간이 가진 고유이성을 어떻게 활용해 사회를 이느가에 대한 끊임없는 노력과 헌신이 필요하다는 데 초점이 모여진다.

자본의 소유는 철저하게 개인주의적 관점에서 비칠 수밖에 없는 한계를 내포한다. 자본을 독점하는 방법은 남의 것을 법의 테두리 바깥에서 획득하는 방식과 자신의 순수한 노력으로 부를 획득하는 방법, 두 가지가 존재한다. 부의 독점이란 사회파괴적이며 개인의 영욕만을 추구하는 반인간적 방식이다. 상위 1%의 법칙에 부의 소유 여부가 기준이 된다면 이는 철저하게 비인간적인 접근방식이라는 데 의견이 모인다.

인간이기를 스스로 포기하면서까지 부를 추종하는 이유는 무엇일까? 해답은 인간의 이성이 만든 자본주의라는 비극적 사회구조에 있다. 탈진사회는 하늘에서 우연히 떨어진 종교적 차원의 결과물이 아니다. 앞서 말한 대로 인간의 영욕이 이성의 범위를 침범해 만든 사회 중 하나다.

상위 1%의 바람직한 인간상은 자기희생적이고, 자신의 영욕보다 사회적 공헌에 가치관을 둔 존재다. 이는 앞서 정리한 세 가지 인간형, 즉 생물학적 인간, 플라톤적 인간, 종교적 인간형과 일치한다. 탈진사회를 벗어나기 위한 인간관을 완성하기에는 아직 갈 길이 멀다. 자신이 속한 사회가 자본에 기반을 둔 탈진사회임을 인지하고 이를 탈피하기 위한 근본적인 노력이 있을 때, 탈진사회는 스스로 만든 견고한 성문을 열어젖힐 것이다.

우리가 사는 세상에 더는 중심이 없다. 따라서 변방이 있을 수도 없다. 새로운 형태의 커뮤니케이션이 지구 전체를 뒤덮는 망을 이루고, 그런 망에서는 모든 곳이 중심이고 변방은 어디에도 없다. 우리가 어디에 있든 우리가 있는 곳이 중심이고, 지리적으로 아주 멀리 떨어진 사람도 이웃이 된다. _미셸 세르

06

시간종결자

배우 잭 니컬슨과 모건 프리먼이 주연한 영화 〈버킷 리스트〉는 한국에서 '나만의 버킷 리스트 쓰기' 붐을 탄생시킨 화제의 작품이었다. 영화에서는 노년세대에서 원하는 꿈을 차곡차곡 영상에 담아서 보여주고 있다.

재벌 기업가이자 독신남인 잭 니컬슨과 화목한 가정의 중산층 흑인남자 모건 프리먼은 우연히 같은 중환자실에 입원한다. 그들은 6개월 시한부 인생이라는 사형선고를 나란히 받은 상황에서 서로에게 묘한 공감대를 느낀다.

돈 이외에는 자신이 원하는 것이 무엇인지 모른 채 살아온 잭 니컬슨. 그에게는 오로지 돈과 쾌락만이 인생의 목적이자 가치였다. 반면 경제적으로 여유는 없지만 단란한 가정을 꾸리며 살아온 자동차 정비원 모건 프리먼. 상반된 환경에서 살아온 두 남자는 대화를 통해서 서로가 부족한 부분을 채워질 수 있는 무엇을 가지고 있다는 사실을 깨닫는다. 그들은 다음과 같이 자신들만의 버킷 리스트를 완성한다.

- 아프리카 세렝게티에서 사냥하기
- 자신의 몸에 문신하기
- 카레이싱과 스카이다이빙에 도전하기
- 눈물이 날 때까지 마음껏 웃어보기
- 세상에서 가장 아름다운 여인과 키스하기
- 화장한 자신의 재를 깡통에 담아 경관 좋은 곳에 두기

그들은 버킷 리스트에 나온 목록을 하나씩 실행해 간다. 잭 니컬슨은 자금을 지원하고, 모건 프리먼은 아이디어를 제공한다. 인생의 기쁨, 삶의 의미, 웃음, 통찰, 감동, 우정은 그들이 만난 이후 세상을 떠나는 날까지 소중하게 여겼던 가치이자 버킷 리스트였다.

2008년도에 국내에서 개봉했던 영화 〈버킷 리스트〉는 꿈과 시간에 관한 영화다. 영화는 시종일관 관객들에게 '만약 당신에게 6개월이란 시간이 마지막으로 주어진다면 무엇을 하겠는가?'라는 화두를 던진다.

내 '버킷 리스트'

나만의 버킷 리스트라는 제목

으로 수년 전 모기업에서 고객들을 대상으로 설문조사를 한 적이 있었다. 고객들의 버킷 리스트에 가장 많은 답을 받았던 항목은 '세계일주하기'였다. 세계여행은 두 가지 조건, 즉 돈과 시간이라는 전제조건이 해결되어야만 가능한 버킷 리스트다. 버킷 리스트에 적을 내용이 많은 사람일수록 살아온 세월 동안 자신이 원했던 것들을 마음껏 해보지 못했다는 가정이 가능하다. 탈진사회에서 살고 있는 이들은 자신을 둘러싼 사회적 제약으로 인해 원치 않는 삶을 연명해야 한다.

누구에게나 똑같이 부여되는 하루 24시간이라는 시간은 탈진사회 속에서 허덕이는 우리에게 어떤 의미가 있는 것일까? 우리는 죽는 그날까지 남겨진 시간의 주인공으로 살아갈 수 있는 것일까? 돈의 가치와 시간의 가치는 어떤 상관관계가 있는 것일까?

영화감독 왕자웨이의 두 번째 장편영화 〈아비정전〉 역시 시간에 관한 영화다. 아비라는 단어는 한국어로 건달을 의미하며, 정전은 일대기를 말한다. 영화의 주연으로 등장하는 배우 장국영(아비)은 체육관 매점에서 일하는 여성 수리진을 유혹한다. 그들은 동거를 시작하지만, 아비는 수리진을 떠난다. 아비에게 있어 수리진은 한때 스쳐 가는 인연일 뿐이었다.

아비는 수리진과 헤어진 후 다시 술집에서 일하는 루루를 유혹한다. 둘은 동거를 시작한다. 한편 아비를 잊지 못하는 수리진은 아비의 집 근처를 배회하지만, 아비에게 다가가지 못한다. 아비는 루루와의 사랑이 식어갈 때쯤, 자신의 생모를 찾아 필리핀으로 떠난다. 아비를 잊지 못하는 루루. 그녀는 아비를 찾아 필리핀으로 향한다. 생모는 타지에서 찾아온 아비를 만나주지 않는다. 어쩔 수 없이 아비는 홍콩으로 돌아가기 위해 위조여권을 만들려고 한다. 이 과정에서 불량배들과 충돌하는 아비. 결국, 아비는 불량배의 총에 맞아 기차에서 숨을 거둔다.

이 영화에 등장하는 시계 소리와 클로즈업(Close-up)되는 시계 장면은 시간에 대한 오마주다. 아비에게 버림받는 수리진은 1960년 4월 16일 2시 59분이라는, 자신의 인생에서 가장 아름답고 행복한 순간에 살았음을 인정하는 말을 아비에게 던진다.

"다리가 없는 새가 살았다. 이 새는 나는 것 외에는 알지 못했다. 새는 날다가 지치면 바람에 몸을 맡기고 잠이 들었다. 이 새가 땅에 몸이 닿는 날은 생애에 단 하루, 그 새가 죽는 날이다."

아비는 독백을 통해서 다리 없는 새를 자신에 비교한다. '다리 없는 새'라는 메타포는 아비의 사랑방식을 의미한다. 그는 정해진 시간 속에서 늘 비슷한 사랑을 반복하는 한 마리의 새에 불과했던 것이다. 〈아비정전〉에서는 주인공 아비를 중심으로 어긋난 시간 속에서 사랑을 완성하지 못한 인물들이 등장한다. 이루어질 수 없는 사랑이야기는 시간의 엇갈림 속에서 아비의 죽음과 함께 마무리된다.

두 영화는 모두 시간에 대한 담론을 내포하고 있다. 서두에 소개한 〈버킷 리스트〉에서는 적극적으로 시간과 맞서는 남자들의 이야기를 다룬다. 반면 〈아비정전〉의 경우, 엇갈린 시간 속에서 사랑에 실패하는 이들의 이야기가 등장한다. 그들은 수동적으로 시간에 이끌리는 사람일 뿐이다.

시간학 개론

탈진사회의 또 다른 관문은
시간이다. 세상에 늘 시간이 부족한 사람, 시간이 넉넉한 사람 그리고 시간이 남아도는 사람이 존재한다면 당신은 어떤 부류에 속하는가?

탈진사회에 소속된 이들에게 시간은 늘 부족한 자원이다. 그들이 해야 할 일들은 끝이 없지만 막상 하루를 보내고 나면 무엇을 했는지 뚜렷이 기억이 나지 않는다. 탈진사회는 사람들에게 시간의 노예가 되기를 강요한다. 시간에 종속된 이들의 공통점은 자유의지의 함량이 바닥치를 기록한다는 것이다. 생각할 시간이 없기에 비판할 능력 또한 없다. 반성할 시간이 없기에 새로운 미래에 대해서 상상하는 것을 사치라고 여기며, 즐길 수 있는 시간이 없기에 삶의 만족을 느낄 기회가 주어지지 않는다.

철학자와 사상가들이 대중에게 수많은 이론을 설파했지만 정작 시간에 관한 연구는 많지 않다. 과학이 발전을 거듭했지만 정작 시간을 고무줄처럼 늘리거나 줄이는 방법은 개발이 요원한 상태다. '만약 내게 시간이 주어진다면? 하루를 48시간으로 보낼 수 있다면?'이라는 가정은 상상만 해도 짜릿하다. 대부분은 시간 늘리기를 원할 것이다. 그들은 자신이 꿈꾸는 무엇인가를 성취하지 못했다는 부채감에 시달리는 탈진사회의 일원들이다.

영화 〈쇼생크 탈출〉, 〈빠삐용〉, 〈알카트라즈 탈출〉의 공통점은 모두 감옥을 무대로 완성한 영화라는 것이다. 감옥을 소재로 한 영화는 대부분 비슷한 스토리라인을 가지고 있다. 감옥 탈출과정을 관객들에게 상세히 보여줌으로써 일종의 대리충족을 느끼게 해준다. 관객들은 마지막 장면에서 통쾌하게 감옥을 떠나는 등장인물들의 활약상에 환호하고 감동한다.

감옥을 소재로 한 영화의 두 번째 특징은 행동의 자유가 제약되는 감옥의 현실에 대해 의도적으로 관객과 공감대를 형성한다는 거다. 관객들은 감옥이라는 폐쇄된 공간에서 외로워하고 학대당하는 등장인물을 훔쳐보면서 안전지대에 사는 자신의 처지에 안도한다. 이런 대리만족을 통해서 극장과 감옥이라는 공간은 서로가 대치되는 이데올로기의 가치공간으로 변신한다.

사상가 미셸 푸코는 『감시와 처벌』을 통해서 감옥의 역사를 이데올로기적으로 분석했다. 이 책은 감옥, 죄수복, 쇠사슬, 처형장 등의 물질적인 형태뿐 아니라 범죄, 형벌, 재판, 법률 등의 비물질적이고 추상적인 문제들을 소재로 다룬다. 그는 감옥의 역사를 평면적으로 서술한 것이 아닌, 감시체제가 갖춰진 감옥을 통해 권력의 정체를 파헤치고 있다. 저자는 감옥이라는 권력체제의 통치방식을 사례로 규율사회의 특징을 이끌어내고 있다.

- 권력을 행사할 때 가능한 한 경비가 들지 않도록 할 것
- 사회적 권력의 효과가 최대의 힘으로 파급되게 하고, 실패나 결함 없이 가능한 한 멀리 가도록 할 것
- 권력의 경제적인 증대와 권력이 행사되는 기관(교육, 군대, 산업, 의료기관 등)의 성과를 결부시킬 것

기술한 통치체계는 모두 권력의 통제와 관련한 내용이 주를 이룬다. 첫 번째로 최소경비로 권력을 행사하고자 하는 항목에서는 근로자의 노동착

취를 예로 들 수 있다. 두 번째 항목인 사회적 권력의 파급효과는 저임금에 시달리는 비정규직의 열악한 근무환경이 예다. 마지막 항목에서는 성과 제일주의 문화를 들 수 있다. 기업의 급여체계 중 가장 아이러니한 것은 과연 일한 만큼의 적정급여가 지급되느냐의 문제다. 기업이 시간외근무를 한 노동자에게 적절한 경제적 보상을 했느냐는 이슈 또한 물음표로 남아 있다.

시간창조의 비밀

언제부터인가 노동에 대한 급여체계는 '선 노동, 후 급여' 방식이 당연한 순서로 자리 잡았다. 이는 무료로 일을 하고 그 뒤에 일한 만큼의 대가를 받아야 한다는 무언의 계약을 의미한다. 물론 연봉계약을 선행하는 이들이 존재하지만, 그것 또한 선금지급시스템으로 이루어지지 않고 있다. 말하자면 월급 또는 주급, 일당식의 급여를 받는 대부분 노동자는 무상으로 노동을 제공한 뒤에야 자본가에게서 보상을 받아갈 수가 있다. 과연 타당한 순서일까? 노동자는 왜 먼저 급여를 받은 뒤에 일을 하면 안 되는 것일까?

급여체계의 모호함은 자본가 위주의 일방적인 노동시간 배정과 급여지급이라는 법칙이 일상화되었음을 의미한다. 노동자들은 이미 경기에 임하기 전, 페널티를 가지고 자본가를 상대로 승리할 수 없는 게임을 시작한 셈이다. 노동시간의 과잉 또한 순전히 노동자의 몫으로 남아 있다.

근로시간 과다는 결국 열악한 노동환경으로 이어진다. 노동피로도의 상승은 노동자의 정신적, 육체적 탈진상태를 일으킨다. 대한민국의 어떤 직장도 규정에 명기된 시간만큼의 노동만을 요구하는 곳은 없다. 정시 출퇴근은 한국의 노동환경에서 불성실한 노동자를 상징하는 일종의 바로미터다. 시간외근무는 노동자와 자본가와 맺어진 무언의 노예계약이다.

그렇다면 프리랜서라고 불리는 노동자들의 삶은 상대적으로 나을까? 절대 그렇지 않다. 프리랜서 또한 자신에게 돈을 지급하는 클라이언트가 존재하기 마련이다. 때로는 클라이언트 위에 군림하는 메이저 클라이언트와의 계약관계로 인해서 주말을 반납해야 하는, 살인적인 노동력을 투입해야만 원하는 결과물이 제공되는 경우가 허다하다. 게다가 힘없는 프리랜서라는 이유로 클라이언트 측의 일방적인 계약파기나 계약금의 지급을 이유 없이 미루는 일이 허다하게 발생한다.

프리랜서는 하루하루가 전쟁터인 노동시장에서 자신의 24시간을 투자해야 하는 험난한 환경하에서 고군분투 중이다. 살인적인 근로시간을 자랑하는 한국이라는 탈진사회에서 시간종결자로 존재할 것인가? 아니면 시간의 노예로 존재할 것인가? 선택은 쉽지 않다. 월급쟁이든 프리랜서든 간에 이미 그대는 탈진사회에서 일하는 시간노동자이기 때문이다.

우리가 포기해야만 하는 것들

그렇다면 시간을 지배하는

방법은 존재하는가? 물론 존재한다. 하지만, 먼저 포기해야 할 것들이 있다. 무의미하게 시간을 보내는 습관과의 이별이 첫 번째다. 대표적인 예가 바로 스마트폰이다. 하루 반나절만이라도 스마트폰 없이 생활해 보자. 아니 스마트폰의 이용을 최소화하는 습관이 자리 잡는다면 이미 시간의 절반은 지배한 셈이다. 물론 텔레비전이나 인터넷 등 미디어와의 차단까지 포함하는 전제하에서다.

두 번째로 중요한 일을 위해서는 선택의 용기가 필요하다. 모두에게 시간은 이미 한정되어 있다. 한꺼번에 두세 가지 일을 능숙하게 수행하는 사람은 지구상에 존재하지 않는다. 미래를 위해서 무엇을 먼저 해야 할지는 자신의 판단에 달려 있다. 될 수 있으면 자신이 가장 좋아하는 일에 집중하자. 단, 그것을 위해서 다른 일과를 포기하는 절차를 거쳐야 한다. 당연히 예상하지 못한 문제가 따를 것이다. 졸지 말자. 변화가 두렵다면 한정된 시간을 아까워하지도 말아야 한다. 미래란 현재의 노력이 담보된 상태에서 모습을 드러내기 마련이다.

마지막으로 시간창조의 비밀을 깨닫는 것이다. 주말을 시간 단위로 보낸 적이 있는가? 평일 저녁시간을 30분 단위로 체크해 가면서 생활했던 적이 있는가? 시작이 반이다. 시간은 이를 아끼는 사람에게 몇 배의 보상을 해준다. 하지만, 시간의 흐름을 방치하는 이들에게는 아무런 대가도 제공하지 않는다. 여유 있는 삶을 원한다면 흐르는 시간에 관대해져라. 그렇지만 시간을 지배하는 일은 영원히 벌어지지 않을 것이다.

20세기 들어 대중을 노동력으로 사회화한 산업체계는 더 나아가서 자신을 완성하지 않으면 안 되었다. 또한, 그들은 대중을 소비력으로 통제하지 않으면 안 되었다. 소비하든 하지 않든, 자유로웠던 세계 제2차 대전 이전의 소액저축자나 무질서한 소비자는 이제 이 체계에서는 더는 할 일이 없다. _장 보드리야르

07

소비유령

여배우 데미 무어는 전성기 시절, 외국 영화촬영이 있으면 무려 8명의 보조인원을 동반하고 촬영하러 나갔다고 한다. 손톱관리사, 미용사, 안마사, 메이크업, 스타일리스트 등 배우의 외모 가꾸기와 관련한 일을 담당하는 수행원들이 데미 무어의 동행자였다. 그녀가 머리를 감을 때는 항상 에비앙 생수를 사용했다는 정보도 추가한다.

수년 전, 한국의 모 재벌가가 소유한 미술품이 경기도에 있는 놀이동산 구석의 창고에서 발견되었다. 창고에는 화가 로이 리히텐슈타인을 포함한 팝 아트의 거장으로 알려진 외국 유명 미술작가들의 작품 수십 점이 모여 있었다. 가격으로 치면 수십억 아니 수백억을 호가하는 작품들이었다.

캘리포니아 주지사를 지냈던 근육질의 영화배우 아널드 슈워제네거는 한 개비에 무려 200달러가 넘는 쿠바산 최고급 시가를 즐겨 피운다. 그는 영화배우 시절 벌었던 돈으로 마련한 호화 전용제트기를 이용하여 미국 지방도시와 외국을 제집처럼 드나든다.

영화감독 스티븐 스필버그는 자신의 어머니 생일을 기념하여 미국의 부촌인 베벌리 힐스의 고급백화점을 통째로 빌렸다. 백화점 측은 4시간 동안 스티븐 스필버그의 어머니를 제외한 어떤 방문객도 백화점에 입장시키지 않는 조건으로 생일파티를 열어 주었다. 스티븐 스필버그는 4시간에 달하는 백화점의 평균매출액을 미리 결제해야 했다.

파티의 여왕으로 알려진 억만장자의 상속녀 패리스 힐턴은 화려한 소비행각으로 미국 매스컴의 한 페이지를 차지하는 이슈 메이커이다. 그녀는 미국을 대표하는 재벌인 리처드 힐턴의 유산을 고스란히 상속받아서 호화로운 생활을 전전하고 있다. 그녀가 사는 빌라에는 구매만 하고 사용하지 않은 명품 구두와 의류 수십 종이 쌓여 있다. 가수이자 영화배우로도 활동하는 패리스 힐턴의 예술적 감각이나 재능에 대한 세간의 평가는 그리 높지 않다.

소개한 내용은 유명세를 떨치고 있는 부자들의 씀씀이 내역이다. 그들의 소비행각은 최저 생활비 마련에 급급한 한국의 소시민들에게 부러움과 질투심을 유발시키기에 충분하다.

우리가 알지 못하는 사이 세상은 소비에 의한, 소비를 위한, 소비를 지상목표로 삼는 소비천국으로 변신했다. 소개한 유명인사들의 소비행각을 읽으면서 동공이 확대되고 마른 군침이 흐른다면 당신은 이미 소비라는 마약물질에 중독된 상태이다.

바야흐로 소비의 시대다. 자본주의 국가의 사람들은 끊임없이 소비하는 존재로 자신을 채찍질하는 일상을 반복한다. 명품시장은 경기불황에도 아랑곳없이 호황을 멈추지 않는다. 신자유주의 시대가 몰고 온 여파로 빈익빈 부익부 현상은 심각한 사회문제로 등장하고 있다.

20세기 초반 세계 산업계는 소품종 대량생산을 의미하는 포디즘을 맞이한다. 포디즘은 1913년 미국 미시간 주에서 그 기원을 찾을 수 있다. 미국의 자동차 왕으로 불리는 헨리 포드는 자신이 설립한 공장에서 T형 포드 자동차 한 종류만을 생산했다. 이 과정에서 작업속도, 정밀도 및 조작의 간편화에 맞추어 설계된 작업용구와 기계가 등장한다. 포드 공장의 조립 라인에서 노동자들은 차체가 라인을 따라 움직일 때 각각 별개의 업무를 수행해야 했다. 이러한 방식으로 생산효율성의 극대화가 이루어졌다. 하지만, 포드 조립 라인에서 일하던 노동자는 기계화로 일자리를 잃고 실업자의 삶으로 전락한다.

상품의 대량생산 방식은 부유층 계급에 속한 이들에게 불만요소로 작용한다. 그들은 자신의 계급에 어울리는, 소시민들과 구별할 수 있는 차별화된 소비방식을 원하는 속성이 존재한다. 부유층 사람들은 프랑스제 명품처럼 자신의 이미지를 고양하는 고급스러운 상품의 구매를 원했다. 이러한 사회적 현상을 기업에서 놓칠 리가 없었다. 기업은 다품종 소량생산이라는, 고객시장을 보다 세분화하는 마케팅 기법을 생산방식에 도입한다.

지질한 소비

명품소비와 관련한 경제학 이론을 들자면 '베블런효과(Veblen Effect)'를 빼놓을 수 없다. 경제학자 베블런이 정의한 베블런효과는 과시적 소비현상에 대한 이론이다. 그는 상류층 소비자들의 소비행태를 집중분석한 결과, 이들이 중하류층 소비자들과는 다른 형태의 소비행위를 반복한다는 사실을 발견한다. 예를 들어 값비싼 귀금속류나 고가의 가전제품, 고급 자동차 등은 경제상황이 악화해도 수요가 줄어들지 않는다. 이러한 베블런효과는 강남지역을 포함한 한국의 부유층에서 쉽게 확인할 수 있는 소비현상이다.

베블런효과는 '비싸야 잘 팔린다.'라는 마케팅 이론을 도출한다. 미국 뉴욕의 한 레스토랑에서는 다음과 같은 실험을 했다.

인당 15만 원이 훌쩍 넘는 비싼 음식을 A 코스로 메뉴판에 적은 다음, 10만 원 상당의 음식을 B 코스로, 5만 원 전후의 C 코스와 D 코스를 적어놓으면 상당수 손님은 별다른 고민 없이 B 코스를 선택한다는 것이다.

여기에서 인간의 비합리적 소비형태가 등장한다. 손님들은 가장 비싼 메뉴인 A 코스를 포기하는 심리적 대가로 B 코스를 선택하는 행위에 대해서 크게 고민하지 않는다. 여기에는 레스토랑의 간교한 상술이 숨어 있다. 그들은 거진 팔리지 않는 15만 원 상당의 A 코스를 메뉴판에 추가함으로써 인당 10만 원에 달하는 B 코스 메뉴가 상대적으로 많이 팔리게 유도하는 풍선효과(풍선의 한 곳을 누르면 다른 곳이 불거져 나오는 것처럼 문제 하나가 해결되면 또 다른 문제가 생겨나는 현상)를 톡톡히 보고 있다.

소개한 뉴욕 레스토랑의 사례는 빙산의 일각에 불과하다. 당신은 유명 백화점에서 판매하는 상품의 정체를 알고 있는가? 살인적인 백화점 매장 임대료가 상품가격에 높게는 30% 가까이 포함되어 있다는 사실에 대해서 어떻게 생각하는가? 그럼에도 과시적 소비를 위한 무대인 백화점을 선호하는 이들의 반복적 구매가 과연 정상적인 소비행위인가? 심각하게 생각해봐야 할 문제이다.

중요한 점은 이러한 과시적 소비행태가 21세기에 들어서 상류층에게만 국한하지 않는다는 데 있다. 현대는 정보화사회다. 즉 특정인의 소비행위를 미디어를 통해서 손쉽게 확인하고 그들의 소비패턴을 실시간으로 확인하는 시대이다. 우리는 '베블런효과' 이론이 등장했던 19세기 초와는 또 다른 형태의 삶을 살고 있다는 점에 유의할 필요가 있다.

베블런효과가 세상에 나온 이후 거진 100년이 지나서 새로운 이론이 등장한다. 바로 '밴드왜건효과(Band Wagon Effect)'이다. 이는 유행에 따라서 상품을 구매하는 소비현상이다. '밴드왜건'이란 곡예나 행렬의 맨 앞에서 리드하는 사람을 의미한다. 밴드왜건효과는 특정 상품에 대한 어떤 이의 수요가 다른 사람들의 수요에 의해 영향을 받는다는 이론이다.

밴드왜건효과는 유행을 추종하는 소비형태로서 과거 배우 차인표, 신애라가 주연했던 TV 드라마 〈사랑은 그대 품 안에〉가 대표적인 예이다. 이 드라마에서 차인표는 취미로 재즈 색소폰을 연주하는 훈남으로 등장한다. 드라마가 엄청난 인기를 끌자 시청자들은 재즈음악에 대해서 관심의 촉을 세운다. 아쉬운 점이라면 재즈음악 자체에 대한 애정보다는 분위기 있는 재즈카페(제목은 재즈카페인데 재즈음악은 전혀 나오지 않는)나 재즈와 관련된 2차 생산품(티셔츠, 액세서리 등)을 소비하는 일시적 현상에 머물렀다는 점이다. 실제로 국내 음반소비시장에서 클래식이나 재즈음반의 소비량은 두 장르를 모두 합쳐도 전체 음반시장의 5% 정도에 지나지 않는다.

밴드왜건효과와 관련한 최근 사례는 캐나다 구스 파카 유행현상을 들 수 있다. 수년 전 중고등학교를 초토화했던 '노스페이스 사태'(고가의 노스페이스 점퍼를 입은 일부 학생들이 노스페이스 가격대별로 나머지 학생들을 계급화하는 현상)의 후속탄으로 동그란 이미지가 새겨진 구스파카 오리지널과 유사품(짝퉁) 간의 판매경쟁에 불이 붙었다.

문제는 유행에 의한 소비행태가 이제는 경제 상류층에서 중하류층까지 폭넓게 일고 있다는 사실이다. 월세가 밀리더라도 외국 수입차를 할부로 구매하는 사회초년생들의 치기까지는 그렇다고 치자. 명품 구매를 목적으로 자신이 근무하는 직장에서 횡령사고까지 일으키는, 소비라는 미신에 함몰된 자들이 벌이는 시나위는 심각한 사회문제로 떠오른 지 오래다.

용감한 사람들

한국에서 행동경제학 돌풍을 일으켰던 책 『넛지』에서는 판매자가 소비자들의 구매의사를 묻는 행위만으로도 구매율을 무려 35%까지 높일 수 있다고 말한다. 이 책에서는 자동차 판매를 높이기 위해 미국에 거주하는 4만여 명을 표본조사한 결과, '향후 6개월 안에 새 차를 구매할 의사가 있습니까?'라는 설문의 시도만으로도 실제 구매율이 35%가량 상승했다고 한다. 사회과학자들은 이처럼 사람들이 의도에 대한 질문을 받았을 때 자신의 답변에 행동을 일치시킬 가능성이 높아지는 현상을 '단순측정효과(Mere-Measurement Effect)'라고 명명했다.

사회학자 장 보드리야르는 현대인들이 소비가 신화화되는 시대에 살고 있다고 말한다. 소비가 신화의 체계로 편입되었다는 것은 소비행위를 통해서 인간의 정체성이 굳어지는 상황을 의미한다. 장 보드리야르는 저서 『소비의 사회』를 통해서 소비란 현대사회가 자신과 나누는 대화행위라고 말한다. 사회가 소비를 권장하는 경우, 사람들은 소비행위뿐 아니라 자기 자신을 관념적으로 소비한다고 저자는 지적한다.

그렇다면 우리는 소비사회에 종속된 인간으로서 자신의 정체성을 인정해야 하는가? 라는 의문을 가질 수 있다. 과연 그런가? 우리는 소비를 위해서 태어나고, 소비를 위해서 존재하며, 소비를 위해서 미래를 설계해야 하는 소비형 인간으로 살아가는 과정만이 유일한 삶의 해답인가? 다음 사례들을 살펴보자.

그는 미국 매사추세츠 주 콩코드에서 1817년 태어났다. 하버드대학을 졸업하고 형과 함께 사립학교를 열어 교사생활을 한다. 이후 그는 목수, 석공, 조경, 토지측량, 강연에 이르기까지 시간제 노동을 하면서 나머지 시간을 산책, 독서 및 창작활동에 할애하며 여생을 보낸다. 자신을 신비주의자, 자연철학자로 정의하고, 1845년 3월부터 월든 호숫가에 오두막집을 짓기 시작하여 같은 해 7월부터 1847년 9월까지 그곳에서 혼자서 생활한다. 월든 호숫가에서 보낸 2년여간의 생활을 묘사한 저서 『월든 : Walden』을 출판한다. 그의 이름은 헨리 데이비드 소로이다.

영국 출신의 정리 컨설턴트이자 풍수지리 전문가이다. 불필요한 물건을 정리해 간결한 공간을 창출하고 나아가 삶을 바꾸는 방법에 대한 강연과 상담, 방송 출연과 글쓰기를 했다. 한국어로 출간한 책 『물건 버리기 연습』에서 저자는 100개의 물건만 남기고 남은 물건은 과감하게 버림으로써 시간과 공간, 생활까지 말끔히 정리하는 무소유 생활을 제안한다. 그의 이름은 메리 램버트이다.

전라남도 해남에서 1932년 태어났으며 대학재학 중 통영 미래사로 입산한다. 1956년 송광사에서 효봉 스님의 문하에 출가한 인물이다. 서울 봉은사에서 운허 스님과 더불어 불교 경전 번역 일을 하던 중 함석헌, 장준하, 김동길 등과 함께 민주수호 국민협의회를 결성하여 민주화 운동에 투신한다. 이후 수행승의 생활을 위해 송광사 뒷산에 불일암을 짓고 홀로 생활하기 시작한다. 저서 『무소유』를 통해서 세상에 자신의 명성이 알려지자 1992년 강원도 산골 오두막, 문명의 도구조차 없는 곳에서 독거생활을 연장한다. '선택한 가난은 가난이 아니다.'라는 청빈의 도를 실천하며 무소유의 참된 가치를 세상에 알린다. 그의 이름은 법정이다.

일본 나가노 현 이에야마 시에서 1945년 탄생했다. 도쿄의 한 무역회사에 통신담당 사원으로 취직, 이후 회사가 부도 위기에 처하자 소설창작에 몰두한다. 소설 『여름의 흐름』으로 '문학계' 신인문학상을 받는다. 같은 작품으로 일본 최고의 문학상이라고 불리는 '아쿠타가와 상'을 일본문학 사상 최연소로 수상한다. 문단에 데뷔한 후 현재까지 진정한 예술가의 길을 걷고자 고향 오오마치로 돌아가 일본 북알프스를 마주하고 부인과 함께 소설 인세만으로 생활 중이다. 그의 이름은 마루야마 겐지이다.

앞에서 소개한 데미 무어, 한국의 재벌가 인물, 아널드 슈워제네거, 스티븐 스필버그, 패리스 힐턴 다음으로 소개한 헨리 데이비드 소로, 메리 램버트, 법정, 마루야마 겐지의 공통점에 대해서 생각해 보자.

이들은 모두 20세기 소비사회를 체험했던 인물들이다. 첫째 그룹에서는 소비사회의 그늘을 온몸으로 받아들인 경우에 해당한다. 그들은 아무런 저항 없이 소비의 쾌락과 즐거움을 위해서 생을 바치고 있다. 둘째 그룹의 인물들 역시 마음만 먹으면 얼마든지 소비사회의 혜택을 누릴 만한 기회와 능력을 겸비하고 있는 자들이다.

여기에서 중요한 갈림길이 등장한다. 과연 우리는 무엇을 위해서 저축을 하고, 수많은 광고물에 현혹당하고, 새로운 물건을 구매하기 위해서 주저 없이 지갑을 열고 있는 것일까?

이러한 광신적인 소비현상의 원인에 대해서 인문학자 강신주는 소비현상 뒤에 숨어 있는 자본주의의 구조에 대해서 정확히 알아야 하며, 자본주의의 속성은 소비형 인간을 재생산하는 그 이상도 이하도 아니라고 말한다.

강신주는 2013년 출간한 저서 『강신주의 다상담』을 통해서 자본주의 시스템에 찌든 사람이 생각하는 자유는 정치적인 자유도, 그 무엇도 아니며 단지 소비의 자유일 뿐이라고 강조한다. 이러한 소비의 자유에 중독된 사람들은 돈이 떨어지면 다시 공허감을 느끼고, 또 다른 소비를 위해서 어쩔 수 없이 노동에 재투입하는 악순환이 반복된다고 지적한다.

이러한 사치성 소비는 마치 모르핀의 투입과 같아서 끊임없는 반복구매를 통해서 자신의 자유와 정체성을 찾으려는 삶이 이어지는 것이라고 그는 말한다. 자, 그렇다면 우리는 이 시점에서 어떤 선택을 해야 할까?

앞에서 나열한 소비의 문제점은 오로지 소비와 소비하지 않는 생활방식에 대한 이분법적인 분류로 정리되어 있다. 그렇다면 우리는 소비를 단지 죄악으로 여기는 원죄를 갖고 사는 인간에 불과한지 재고해보아야 한다.

나를 살리는 소비

소비를 두 가지 형태로 분류하고자 한다. 우선 지적 소비에 해당하는 사례들이다. 예를 들자면 철학 강좌를 듣기 위한 학원비, 사회과학이나 인문학 서적을 구매하기 위해 지출하는 도서구매비, 자신이 좋아하는 설치미술작가의 전시회 티켓 구매비용, 관심 있는 포크 뮤지션의 음반구매, 역사와 문화체험 목적의 배낭여행을 위한 비용, 인디영화를 관람하기 위한 비용, 사회공헌 활동을 위해서 소요되는 비용 등이 이에 해당한다.

물론 앞에서 설명한 소비 역시 베블런효과에서 말했던 과시적 소비와 전혀 동떨어진 소비형태라고 잘라 말할 수는 없다. 지적 욕구나 호기심의 충족을 위해서 소요되는 비용 또한 일종의 자기과시 욕구가 내장된 소비에 포함될 수 있기 때문이다. 매슬로의 욕구 5단계설 중 가장 높은 곳에 자리 잡은 욕구가 자아실현 욕구라는 전제가 이를 뒷받침한다.

소개한 지적 소비의 가장 큰 특징은 사고의 폭을 조금씩 넓혀주는 일종의 충전기 같은 기능을 한다는 것이다. 인간은 결코 완전무결한 존재로 생을 살 수도, 생을 마감할 수도 없다. 인간은 지구에서 사라지는 그 날까지 전진과 후퇴 그리고 제자리걸음을 반복한다. 하지만, 인간의 지적에너지는 늘 자신을 새롭게 재탄생시킬 수 있는 원천이다. 또한, 지적 소비는 자신의 노력 여하에 따라서 지출을 최소화할 수 있는 다음과 같은 방법들이 존재한다.

도서구매비는 인근 도서관에서 무료로 대여해주는 책으로 대체할 수 있다. 전시회는 미디어를 통해서 부족하나마 즐길 수 있다. 음반구매 또한 저렴한 비용으로 음원을 구매하거나 유튜브 등을 통해서 해결할 수 있다. 영화 또한 도서관에서 무료감상이 가능하다. 배낭여행의 경우, 여행지에서의 충동구매를 최소화한다면 시도가 가능한 부분이다. 사회 공헌 또한 소외된 계층에 대한 재능기부 또는 실천행위로 충분히 접근이 가능한 분야다.

이러한 지적 소비는 보이지 않는 소비형태에 속한다. 지적 소비에 소요되는 시간은 문화에 대한 식견과 안목을 조금씩 넓혀 가는 과정이다. 달리 말하자면 탈진사회 속에서 만신창이가 되어 가는 자신을 지켜주는 치유책으로서의 소비에 해당한다.

반대로 지적 소비와는 전혀 다른 형태의 소비가 존재한다. 이는 형태가 분명한 물질의 소비이다. 습관적으로 구매하는 각종 명품, 반드시 휘황찬란한 백화점에서 지갑을 열어야만 직성이 풀리는 소비습성, 24시간 내내 리모컨을 들고 씨름해야 하는 TV 홈쇼핑, 신상품이라면 무조건 사야만 하는 소비신념, 자신의 계급을 드러내고 싶은 욕망이 스며든 고급승용차, 일 년이 멀다 하고 업그레이드해야 하는 가전제품들, 일 년에 몇 번 쓸까 말까 한 각종 운동장비, 여행지에 가면 꼭 사야만 직성이 풀리는 고가의 기념품들, 넓은 주거지를 선호하는 공간욕구, 고급 호텔의 헬스장 회원권 등이 이에 속한다.

문제는 위에 등장하는 과시적 소비는 그 끝이 보이지 않는다는 점이다. 사치품이나 고가의 공산품을 생산하는 기업은 그들이 생산하는 물건이 소비자의 생활에 반드시 필요한 물건이 아니라는 사실을 정확히 알고 있다. 어쩔 수 없이 기업은 상상을 초월하는 광고 및 마케팅 비용을 상품광고에 투입한다. 소비자의 시선을 붙들기 위해 각종 미디어매체를 통해서 뿌려지는 광고비용은 상품원가에 눈 녹듯이 스며든다.

영원한 호구

기업의 속내를 모르는 순진한 소비자는 자신이 구매하는 소비재의 광고비용까지 동시에 구매하는 셈이다. 판매가격의 30%가 채 안 되는 원가로 유통되는 유명 점퍼를 반드시 구매해야 한다는 법은 어디에도 없다. 이는 반복적 소비가 불러다 준 지름신의 강림에 불과하다는 점을 잊지 말아야 한다. 억울하지 않은가? 왜 소비자가 기업의 광고비용까지 고스란히 부담해야 하는지 말이다.

과소비의 미로에 갇혀 있는 사람은 탈진사회의 희생양이다. 고가의 제품을 구매하기 위해 당연히 노동을 해야 한다고 생각하는가? 소비를 통해서 자신의 존재가치를 과시하려는 유치한 본능이 사라지지 않는가?

소비의 먹이사슬은 우리가 상상하는 것보다 강력한 전파력을 가지고 있다. 에볼라 바이러스만이 사람의 생명을 앗아가는 것이 아니다. 전파속도에서 차이가 있을 뿐, 소비중독 증상은 인간의 심장을 조금씩 멈추게 한다.

정부보다 높은 위치에서 시장을 내려다보고 있는 기업을 생각해보자. 그들은 24시간 내내 소비자의 지갑을 열게 하는 방법을 연구 중이다. 촌음을 다투면서 새로운 제품을 만들어내는 것을 시대적 사명이라고 착각하는 소비창조집단이 바로 기업이다.

1990년 후반, 브라운관 TV의 시대가 막을 내리고 LCD TV가 등장한다. 가전제품을 생산하는 대기업에서는 6개월이 멀다 하고 TV의 디자인을 바꾼 신제품을 선보이는 전략을 펼친다. 사실 TV의 기능은 20년 전이나 지금이나 크게 달라진 것이 없다. 볼륨 기능과 채널조정 기능 정도를 제외하면 TV를 시청하는 데 커다란 불편을 느낄 만한 기능이 떠오르지 않는다. TV를 생산하고 판매하는 기업 입장에서는 1년 전과 똑같은 기능과 디자인을 한 TV를 생산해서는 시장에서 살아남지 못한다. 따라서 그들은 TV의 디자인을 은색에서 검은색으로 바꾸고, TV의 모서리를 사각에서 타원형으로 바꾸는 간단한 시도를 통해서 소비자가 신제품을 구매하도록 유혹한다.

가전판매점을 방문하면 종업원이 1년 전에 출시한 TV를 구매하려는 소비자를 마치 시대에 한참이나 뒤떨어진 사람으로 취급하려 드는 기현상이 벌어진다. 왜 구형 TV를 원하는 소비자는 시장에서 무시되어야 하는가? 왜 신형 TV를 사는 소비자만이 시장에서 존중받아야 하는가? 왜 소비자는 며칠만 지나면 신제품 TV가 등장하는 상황에 일희일비해야만 하는가? 왜 소비자는 잘 알지도 못하는, 해상도가 높다는 TV 구매에 수백만 원을 지출해야만 하는가?

기업의 목적은 오로지 하나이다. 이는 무한 판매를 통한 무한 수익의 창출이다. 판매사원들은 그저 모기업의 수익극대화 전략에 따라서 매월 주어진 할당량에 해당하는 TV를 판매하면 그만이다. 소비자가 TV 판매장에서 수모를 당하든, 이를 참지 못하고 TV를 구매하든, 이러한 고충의 과정은 고스란히 소비자의 몫으로 부메랑처럼 돌아올 뿐이다. 속지 말자 충동구매, 다시 보자 판매사원의 세 치 혀끝!

소비에 대해서 재정리할 시간이 왔다. 우리는 다시 소비의 갈림길 앞에서 있다. 탈진사회로 직행하는 과시적 소비사회를 향한 길과, 소비의 유혹을 통제하는 두 가지 갈림길이 눈앞에 보인다. 선택은 각자의 판단에 달렸다. 단, 무한소비를 조장하는 기업과 이들이 획책하는 반복 광고의 흑심을 깨닫는 것이 소비라는 철가면을 쓴 탈진사회에서 벗어나는 방법이라는 사실을 잊지 말아야 한다.

탈진사회 속에 숨어 있는 악성 인플루엔자 하나. 그것은 소비라는 붉은 외투를 걸친 유령이다. 녀석의 모습은 비록 희미하지만, 우리의 시각, 청각 그리고 촉각을 통해서 서서히 스며들어 선명해지고 있다. 유령의 주소는 대한민국 1번지 지하, 이곳에서 서식하며 세력을 점점 더 넓히고 있다.

상상력은 세상을 바라보는 당신만의 독창적이고 개인적인 방식에서 찾을 수 있다. 상상력은 당신이 주목하는 구체적이고 특정한 세부사항 그리고 당신이 맺는 관계에서 시작한다. 즉 상상력은 단순히 경험이 아니라 그런 경험을 음미하고 해석하는 방식이다. _주디 리브스

08

상상력이 사라진 자리

창조경제 신드롬이 한창이다. 한국 최초의 여성대통령이 당선된 이후, 자고 일어나면 창조와 관련된 신조어들이 우박처럼 쏟아져 나온다. 그야말로 너도나도 창조, 자나 깨나 창조, 꺼진 창조도 다시 보아야 하는 세상이다. 하지만, 정작 창조와 관련한 담론을 펼치는 이들의 시선에는 창조의 기미가 보이지 않는다. 도대체 한국사회에는 무슨 일이 벌어지고 있는 것일까?

상상력이 고갈되는 순간, 탈진

한국사회를 구성하는 인자

는 실로 다양하다. 역사적 배경으로는 유교문화, 일제강점기 문화, 미국 대중사회문화, 21세기 이후 불어닥친 제3세계 문화 등이 그것이다. 여기에서 비영어권 문화를 의미하는 제3세계 문화라는 용어는 비영어권 국가를 구별 짓기 하는 일종의 인종주의적 표현이다.

다음으로 좌파와 우파로 구분하는 남북한의 분단현실이다. 1960년대 미국사회를 '빨갱이 열풍'으로 몰아갔던 매카시즘(McCarthyism) 사건의 아바타가 한국이었다. 중요한 것은 매카시즘의 정체가 한마디로 정치 이데올로기를 이용한 사람잡기 운동이었다는 촌극이 밝혀진 지 무려 50여 년이 지났음에도 한국에서는 이러한 편 가르기 현상이 반복되고 있다.

공인의 발언수위가 조금이라도 북한을 향하고 있으면 종북 빨갱이로 몰리기 십상이다. 통일이라는 단어의 의미 또한 모호하다. 윗동네에 살고 있는 사람들은 분명히 한국말을 쓰고 있는데, 그들과 우리가 같은 민족이라고 봐야 하는 것인지 아닌지 누구도 명쾌하게 설명해 주는 이가 없다.

그럴듯한 거짓

다음으로 신자유주의 광풍이다. 신자유주의라는 의미 속에는 국제화와 세계화라는 그럴듯한 허울이 씌워져 있다. 문제는 이러한 논리 속에 경제우선주의가 유령처럼 숨어 있다는 점이다.

지루한 경제발전의 역사는 생략하고 타임머신 지도를 건너뛰어

1970년대로 가보자. 1970년대에는 오일쇼크 사태가 발발한다. 이 때문에 정부가 모든 것을 규제할 수는 없으므로 정부의 권한을 대폭 줄이고 경제정책은 시장의 자율, 다시 말해 시장의 효율성에 맡겨야 한다는 이론이 등장한다. 이를 신자유주의라고 하는데, 신자유주의를 명명한 대표적인 인물이 바로 밀턴 프리드먼이다.

밀턴 프리드먼은 신문기고를 통해 '자유시장과 작은 정부'를 역설한다. 그는 가장 차별이 심한 국가는 자본주의 국가가 아닌 러시아와 같이 정부 권한이 강화된 공산주의 국가라고 비판한다. 이후 (구)소련의 붕괴와 맞물려 신자유주의는 급물살을 탄다.

세계경제의 흐름을 전적으로 시장의 자유에 맡긴다는 배경에서 탄생한 이론이 신자유주의다. 모든 이론에는 햇볕과 그늘이 교차한다. 시장경제를 정부의 규제가 아닌, 시장효율성에 맡긴다는 논리는 역으로 기업의 권한이 대폭으로 확대된다는 사실과 일치한다. 신자유주의의 가장 큰 문제점은 특정국가에 소속된 울트라 기업의 파괴력이 전 세계에 미친다는 것이다.

기업의 논리는 인간의 행복을 최우선으로 하는 인본주의와 상극의 위치에 서 있다. 기업의 입장에서 인간을 바라본다면 인간은 그저 수익을 창출하기 위해서 존재하는 도구나 자원에 지나지 않는다. 또한, 기업은 수익을 창출하는데 소요되는 인건비가 저렴한 개발도상국을 기업의 전초기지로 활용한다. 따라서 저개발 국가의 국민들은 외국의 글로벌 기업이 원하는 노동력을 제공해주는 위탁업체 종사자 역할을 전담한다.

여기에서 총과 칼을 들이대고 신대륙 땅따먹기를 시도했던 근대 식민지 사회와 기업자본이 융단폭격을 해대는 현대 자본주의 사회와의 차이점이 드러난다. 이제는 물신주의가 총과 칼을 대신하여 국가와 사회를 지배한다. 자본의 횡포가 폭력성을 띄기 시작하면 인간의 가치는 자연스럽게 무시되기 마련이다. 돈이 있고 없음에 따라서 인간의 계급이 분류되고 빈부 간의 격차는 시간이 흐를수록 커질 수밖에 없다. 이러한 물질 만능주의 앞에서 인간의 가치는 점점 왜소해진다.

상상력의 초토화

학교를 졸업한 이들이 선망하는 직업은 크게 두 가지다. 첫 번째는 프리랜서, 즉 자유직업을 선택하는 이들이다. 이들에게는 월급쟁이보다 더욱 차별화된 능력이 필요하다. 이들은 상상력이 고갈된 상태에서 자신의 직업을 영위하기가 상대적으로 더 힘들다. 그들에게 상상력은 생명줄이나 다름없다.

두 번째 부류는 기업의 문을 두드리는 이들이다. 이들은 학벌과 성적과 영어실력과 각종 자격증을 두루 갖춰야만 기업 신입사원 채용이라는 좁은 문을 통과할 수 있다. 기업관계자가 텔레비전이나 각종 강연회에 나와 취업준비생들에게 창의적 인재가 되어달라고 외치는 순간, 취업준비생의 부담은 두 배 이상으로 늘어난다. 학생시절 고생하여 쌓아 놓은 스펙 이외에 창의적 인재라는 모호한 요구사항까지 추가했으니 정말이지 기가 막힐 노릇이다.

창의적 인재라니? 신자유주의 시대의 황태자로 군림하고 있는 기업들은 취업준비생들에게 늘 같은 대답만을 할 뿐이다. "뽑는 것은 우리 마음이니까 답은 너희들이 알아서 찾아라."가 전부다. 도대체 기업은 어떤 형태의 창의력을 근거로 신입사원을 선발한다는 말인지 갑갑할 노릇이다.

젊은이들은 무슨 연유에서 대기업을 선호하는 것일까? 기업이 우리가 원하는 자아실현의 장이자 교육의 접점에 위치한 사회의 모습이기 때문에? 아니다. 애석하게도 그들은 결국 돈을 벌기 위해서 기업에 가고 싶어 하는 것이다. 자본의 선제적 투자를 전제로 하는 자영업이 아닌, 자신의 지적 능력을 밑천으로 급여라는 후천적 반대급부를 보장받기 위해 일하는 장소가 바로 기업이다.

뇌 회복법

세상이 먹고살기 힘들어질수록 사람들의 뇌구조는 단순해진다. 즉 다양한 사고보다는 빠르고 명쾌한 결과에 집착하는 성향을 보인다. 공복상태가 되면 다른 생각이 입장할 겨를이 없어지는 것과 비슷한 이치다. 일단 위장에 무엇인가가 들어가 줘야 다른 일에 대해서 관심이 가기 마련이다.

'먹고살기도 힘든 세상에 상상력이 웬 말이냐?'라고 생각하는 이들은 평생을 종속형 인간으로 살다가 사라지기 마련이다. 먹고살기 힘든 것은 이미 지구에 인류가 등장한 이후부터 지금까지 이어져 온 자연현상이다. 먹고살기 힘들다는 이유로 상상하기를 포기한 인간은 먹고사는 문제가 완전히 해결되는 그날이 온다 해도 상상하기를 시도할 확률은 극히 낮다는 점을 알아야 한다.

상상력은 인간의 본원적 가치를 구별해주는 요소다. 따라서 상상력을 신자유주의 시대에 살고 있는 인간들이 취사선택해야 하는 요소라고 단정하기에는 모호한 부분이 있다. 상상력이 인간에게 경제급부를 보장해주는 보증수표가 아니기 때문이다. 오로지 잘 사는 인간만이 사회적으로 존경받아야 한다는 신념을 지닌 이들에게 상상력이란 신기루 같은 존재일 뿐이다.

'상상력'이 밥 먹여준다

미술가 파블로 피카소는 "예술가에게 끝이란 없다."라는 말을 남겼다. 피카소는 '예술가가 작업을 마쳤다는 것은 또 다른 시작을 의미할 따름이다.'라고 주장했다. 예술가에게 끝이란 말은 결코 있을 수 없다는 사실을 피카소라는 예술가의 삶을 통해서 확인할 수 있다.

상상력에 있어서 마지막이란 말은 존재하지 않는다. 매월 모은 돈을 꼬박꼬박 적금에 투자하듯이 인간의 상상력 또한 꾸준히 기초체력을 쌓을수록 위력을 발휘한다. 상상력을 쌓아가는 방식은 여러 가지가 존재한다.

다음은 탈진사회에서 살아남기 위한 상상력의 충전방식이다.

대중문화를 통한 충전기법을 이용하자

대중문화의 세부장르는 매우 다양하다. 우선 우리가 쉽게 접할 수 있는 것들. 즉 건축, 미술, 음악, 영화, 문학 등이 이에 해당한다. 물론 이러한 대중문화를 자신의 것으로 소화하기 위해서는 기초 학습이 필요하다. 학습에 앞서 필요한 것은 문화에 관한 관심이다. 관심이 결여된 문화학습은 작심삼일로 마칠 가능성이 농후하다. 따라서 자신이 몰입할 수 있을 만한 대상이 위에 나열한 대중문화 장르 중에서 무엇인지 점검해볼 필요가 있다.

특정 대중문화의 장르는 또 다른 문화와 긴밀한 연결고리를 가지고 있다. 예를 들자면 정재은 감독의 영화 〈말하는 건축 시티:홀〉을 통해서 우리는 서울의 건축문화와 역사를 동시에 들여다볼 수 있다. 또한, 영화 〈바스키아〉를 감상하면서 팝 아트(Pop Art)와 그라피티 아트(Graffiti Art)에 대한 소양을 키울 수도 있다.

다음으로 유명 문학작품을 영화화한 사례를 통해 원작에 대한 학습을 간접 체험할 수 있다. 외국영화로는 〈레미제라블〉, 〈대부〉, 〈오만과 편견〉, 〈13번째 전사〉, 〈율리시즈〉, 〈차탈레부인의 사랑〉, 〈노인과 바다〉, 〈누구를 위하여 종을 울리나〉, 〈위대한 개츠비〉, 〈미져리〉, 〈쇼생크 탈출〉, 〈베니스의 상인〉 등이 있다. 국내영화로는 〈사람의 아들〉, 〈만다라〉, 〈젊은 날의 초상〉, 〈용의자 엑스의 헌신〉, 〈서편제〉, 〈축제〉, 〈고령화 가족〉, 〈태백산맥〉 등이 국내외 문학작품을 한국제작진의 힘으로 영화화한 사례다.

대중문화의 다양한 장르는 서로가 긴밀한 역학관계를 가지고 있다. 이러한 관계성 때문에 문화를 섭렵하는 이들은 한 가지 장르에만 천착하기보다는 시간이 흐를수록 자연스럽게 장르 간 관심이 높아지는 경우가 일반적이다. 중요한 것은 대중문화에 대한 접근성이 높아질수록 상상력이 배가된다는 점이다.

'다르게 보기'를 일상화하자

사람의 능력은 무한한가? 나는 '그렇다.'에 손을 들고 싶다. 여기에 중요한 전제가 따른다. 자신의 능력을 배가시키기 위해서는 정말이지 상상을 초월하는 노력이 수반되어야 한다는 점이다. 수동적으로 일상을 영위하는 이들에게 아무리 많은 시간을 준다 해도 숨겨진 무한능력의 창출은 요원한 일이다.

두 번째 소개하는 상상력의 충전 방식은 '다르게 보기'다. 우리는 중년기를 거쳐 노년기에 접어든 이들을 노인세대라고 부른다. 여기서 말하는 노인이란 다양한 의미를 내포한다. 이제는 노인세대가 한국의 주류계층으로 떠오르고 있다. 노인층의 증가는 선거결과를 좌지우지할 정도로 영향력이 강해졌다. 노인의 정치적 발언권이 강화된다는 점은 사회적으로 노인과 관련한 이슈가 주를 이룬다는 것이다.

우리는 자신보다 나이가 많은 세대를 부담스럽게 여긴다. 서로가 살아온 시대적 배경이 다르고, 가치관이 다르며, 개인의 이상 또한 다른 색채를 띠고 있기 때문이다. 하지만, 이보다 중요한 문제가 세대 간의 갈등을 부추기고 있다. 나이가 들수록 점점 사고가 굳어지는 '의식의 동맥경화 현상'이 그것이다. 의식의 동맥경화 현상은 권위주의를 부추기고, 응고된 권위주의는 소통의 부재를 일으킨다.

나이가 들면 다른 사람들을 대접하는 일보다 대접받는 일이 더 많아 진다. 하지만, 연장자라고 해서 무턱대고 아랫사람들이 대접하려 들지 는 않는다. 연장자에게서 얻을 수 있는 급부가 명확하게 존재할 때만 소 위 사회에서 말하는 어른으로 대접받을 수 있다. 이러한 사회적 이해관 계가 사라진다면 연장자는 나이만 먹어버린 이른바 '종이어른'으로 전 락하는 것이다.

탈진사회에서 정신적인 나이를 먹지 않는 방법은 무엇일까? 정답은 다르게 보기를 일상화하는 것이다. 다르게 보기란 불편함을 감수해야 하는 것이다. 인간은 본능에 따라 새로운 것에 대한 거부감을 가지고 있다. 늘 걸어가는 길이 편하고, 늘 먹어 왔던 음식이 입맛을 돋우며, 늘 보던 블록버스터 영화가 즐거움을 주며, 늘 만나던 사람들이 부담이 없다.

앞에서 나열한 편하고 익숙한 것들과의 이별이 다르게 보기의 시작이 다. 익숙한 것과의 결별이라. 생각만 해도 귀차니즘이 앞을 가리는 과제 다. 하지만, 어떡하랴. 그것이 다르게 보기의 운명인 것을. 상상하는 자의 숙명은 불편함을 감수해야 하는 비포장도로를 걸어야 한다는 점을 기억 하자. 다르게 보기의 시작은 불편함과의 동침이다.

선택과 집중 사이에서 고민하지 말자

사람들은 하루에 몇 번의 선택을 할까? 기상시간, 텔레비전 프로그램, 걷거나 달리거나, 점심 메뉴, 주량, 문자메시지, 회사에서 만드는 보고서, 회의석상에서 하는 발언 등 간단히 정리해도 수십 가지에 달하는 크고 작은 선택의 연속이다. 따라서 인간은 선택하는 동물이다.

그렇다면 사람들은 늘 비슷한, 그저 그런 선택을 해야 할까? 아니면 선택의 차별화를 통해서 상상력을 배가시키는 모험을 시도해야 할까? 이것 또한 자신의 선택에 달려 있다. 선택 다음에는 집중이라는 행동과제가 남는다.

상상력과 나비효과

'나비효과'라는 단어가

있다. 두산백과를 따르면 나비효과란 브라질에 있는 나비의 날갯짓이 미국 텍사스에 토네이도를 발생시킬 수 있다는 과학이론이다. 미국의 기상학자 에드워드 로렌츠(E. Lorentz)가 1961년 기상관측을 하던 중 생각해낸 이 원리는 훗날 물리학에서 말하는 카오스 이론(Chaos Theory)의 토대가 되었다. 변화무쌍한 날씨의 예측이 힘든 이유를 지구 어디에서인가 일어난 조그만 변화에서 발견해낸 이론이다.

사람이 원하는 선택이 모이고 모여서 커다란 '나비효과'를 일으킨다는 사실에 주목하자. 무사안일한 삶 또한 개인이 선택할 수 있는 삶이다. 하지만, 이러한 무채색의 삶을 살아가는 이들이 많을수록 사회는 활동에너지를 잃는다. 기초체력이 부족한 선수가 이른 나이에 은퇴할 수밖에 없듯이 사회의 체력 또한 다양한 상상력을 가진 사람들이 모였을 때 커다란 힘을 발휘한다.

사회학자 엄기호는 상상력과 경쟁력의 관계에 대해서 비판적인 시각을 가진 학자다. 그는 창의력이라고 하면 남과 비교해서 경쟁우위를 차지하는 말이 되어가고 있으며, 상상력은 자신을 돋보이게 하는 기발한 아이디어라고 잘못 생각하는 이들이 많다고 말한다. 그는 창의력은 경쟁 분야가 아닌, 자기 일에서 의미를 찾는 힘이라고 강조한다. 엄기호는 상상력의 반대말은 무시라고 정의한다. 상상력은 보이지 않는 것을 보는 것이며, 반대로 무시는 보이는 것을 보이지 않는 것처럼 여기는 것이라고 설명한다.

사람들이 상상하기를 거부하는 순간, 그 사회는 노령화사회로 접어든다. 단지 노인층의 인구가 많다는 이유로 노년사회를 설명하는 시대는 지났다. 이제는 노인을 설명하는 연령도 점차 올라가는 추세다. 60대를 중년 세대라고 말할 정도다. 나이가 들수록 자연스럽게 퇴화하는 인간의 능력에 상상력이 포함된다는 사실을 기억하자. 영원한 젊음을 얻고 싶은가? 그렇다면 상상하라. 상상력이 넘치는 사회가 유지될 때, 우리는 탈진사회의 공포에서 벗어날 수 있다.

금기는 일종의 부정적인 허구라고 볼 수 있다. 왜냐하면, 금기란 현실에 존재하는 사안을 마치 존재하지 않는 것처럼 생각하거나 적어도 무시해야 함을 뜻하기 때문이다. 예를 들어, 알코올이나 니코틴 같은 약물은 세금을 부과하고 수용하면서 해시시(Hashish)나 코카인을 소지하고 판매하면 처벌하는 경우는 모순이라고 생각하는 것과 같은 이치다. _볼프강 라인하르트

09

중독의 메커니즘

A 무역회사에 다니는 배상만 팀장의 주요업무는 '술 마시기'이다. 그는 소주, 양주를 가리지 않고 그때그때 닥치는 대로 마신다. 배 팀장에게 맥주란 술은 물과 다를 바 없이 상시 복용하는 음료수 또는 폭탄주 제조용 음료에 불과하다. 평균 주량은 소주로 따진다면 3~4병 정도이다. 한 달 음주횟수는 평균 15일에 이른다. 따라서 무려 50여 병에 달하는 소주를 한 달 동안 꾸준히 흡입하는 셈이다. 주당인 배 팀장의 사무실 책상 달력에는 일주일 평균 3~4번의 접대 술자리 약속이 빼곡히 적혀 있다. 토요일도 예외일 수 없다. 여기에서 말하는 접대란 '접대를 받는다.'가 아니라 '접대를 한다.'를 의미한다.

신장 176cm, 몸무게 88kg, 허리둘레 38inch를 자랑하는 배 팀장의 육중한 자태는 회사를 대표하는 술상무로서 부족함이 없다. 그는 학교시절 유도부로 활동했었기에 기본적인 체력은 남들보다 뒤떨어지지 않는다는 자신감이 있다. 올해 나이 마흔하고도 다섯. 마흔 줄의 중간 문턱에 서 있는 배상만 팀장은 아직도 자신의 술 체력을 믿는다. 그는 술에 만취해서 소위 필름이 끊어진 전력도 가지고 있지 않다.

한 달 전에 받아 본 배상만 팀장의 신체검사 결과지에는 '간경화증 초기에 역류성 위염 그리고 식도염 증상 초기'라는 진단결과가 붉은 글씨로 찍혀 있다. 의사는 배상만 팀장에게 술을 끊든지, 아니면 음주횟수라도 주 1회 정도로 줄이라고 권고했다. 마음에 조금 걸리기는 하지만, 이 정도야 뭐. 배상만 팀장의 술자리는 오늘도 변함없이 이어진다.

문제는 최근 들어 배상만 팀장에게 이상한 습관이 생겼다는 점이다. 배 팀장이 접대용 술자리가 아닌 집에서도 반주로 소주를 들이켜기 시작한 것이다. 하루가 멀다 하고 곤드레만드레 되어 귀가하는 배상만 팀장에게서 이상 징후를 발견한 아내의 만류도 그의 고집을 꺾을 수 없었다. 한 달 전만 해도 쉬는 날 반주로 반병 정도 들이켜던 소주가 어느덧 한 병 수준에 이르렀다.

알코올중독. 배상만 팀장은 오늘도 변함없이 접대술, 횟술, 해장술, 반줏술, 회식을 빙자한 술을 쉴새 없이 들이켠다. 자신이 알코올중독이라는 사실을 알고 있지만 배상만 팀장에게 술 없는 삶은 아무런 의미가 없다. 배상만 팀장은 자신이 인지하지 못하는 사이에 술독에 빠진 상태이다. 건강에 적신호가 떠오른 배상만 팀장. 회사는 사건의 공범이자 방관자임이 분명하다. 하지만, 회사는 배상만 팀장의 미래를 걱정해주지 않는다. 회사는 그를 절벽 낭떠러지로 인도하는 저승사자이다. 지금도 회사는 배 팀장에게 접대성 술자리에 참석하라고 요구한다. 회사는 어떤 노동자에게도 가책을 느끼거나 자발적인 사죄를 하지 않는다.

니컬러스 케이지가 주연했던 영화 〈라스베가스를 떠나며〉에서는 상습 음주로 느닷없이 해고통지를 받는 남성 주인공이 등장한다. 그가 해고를 당하기 전 직업은 시나리오 작가였다. 술독에 빠진 주인공은 가족과 헤어졌으며, 심각한 알코올중독 증상을 보이고 있다. 그는 자포자기 심정으로 차를 몰고 라스베이거스로 향한다. 그곳에서 만난 여자는 자신의 직업에 자부심을 느끼고 생활하는 창녀 세라이다. 니컬러스 케이지와 세라는 서로의 생활에 절대 간섭하지 않는다는 조건으로 동거를 시작한다. 니컬러스 케이지는 온갖 종류의 술과 함께 라스베이거스에서 자신의 마지막 생을 불태운다.

니컬러스 케이지의 삶과 배상만 팀장의 삶의 공통점은 중독이다. 그들은 술을 마셔야 하는 목적 자체를 상실한 상태이다. 니컬러스 케이지와 배상만 팀장은 쉬지 않고 독주를 마셔댄다. 그들의 신체는 이미 술이 술을 마시는, 주객이 전도된 알코올흡입기이다. 안타깝게도 술이 자신의 유일한 존재가치이자 삶의 목적이 되어버린 꼴이다.

배상만 팀장의 사례와 함께 소개하는 탈진사회의 유형은 중독이다. 중독의 어원은 다음 세 가지로 정리할 수 있다.

- 생체가 음식물이나 약물의 독성에 의하여 기능장애를 일으키는 일 … (1)
- 술이나 마약 따위를 지나치게 복용한 결과, 그것 없이는 견디지 못하는 병
  적인 상태 … (2)
- 어떤 사상이나 사물에 젖어 정상적으로 사물을 판단할 수 없는 상태 … (3)

숫자의 이중성

탈진사회에서 말하는 중독의
의미는 앞서 말한 세 가지 특징을 모두 포함하지만, 포괄적인 의미에서는
마지막 문구가 가장 적합하다. 문제는 '정상적으로 사물을 판단할 수 없
는 상태'의 기호적 의미이다.

그렇다면 중독현상에는 어떤 사례가 존재하는지 알아보자. 소개한 배
상만 팀장과 니컬러스 케이지의 경우는 알코올중독의 사례에 해당한다.
알코올중독은 먼저 육체가 파괴되고, 서서히 정신적 파괴가 진행되는 양
가적 특징을 가진다. 또한, 다른 나라에 비해서 집단 음주문화가 관대한
한국에서 자주 발생하는 문화병이기도 하다.

다음으로 숫자중독이다. 숫자중독이란 학교나 직장 그리고 운동선수
에게서 흔히 나타나는 현상이다. 학생의 경우 숫자로 표기하는 등수, 성
적(또는 학점)이 이에 해당한다. 직장인의 경우 근무하는 부서의 실적,
등급, 자신의 인사고과 등을 숫자중독이라고 말할 수 있다. 운동선수의
경우 자신이 참여하는 각종 대회의 랭킹, 팀의 등수, 서열화된 기록이

대표적인 예이다.

예술가에게도 숫자중독은 존재하지만, 앞서 소개한 경우에 비해 증상은 미약한 편이다. 미술가에게는 국전을 포함한 각종 미술대회 랭킹이 있으며, 음악가들에게는 국내외 콩쿠르 등수가 이에 해당한다. 예술가의 숫자중독 현상은 평가결과의 객관성 측면에서 직장인, 학생, 운동선수의 사례만큼 계량화가 쉽지 않다는 특성이 있다.

예술가들은 숫자중독의 심각성에 상대적으로 적게 노출되는 편이다. 물론 시청률을 높이려는 방편으로 가수들의 노래실력을 서열화하는 TV 방송이 있기는 하다. 이는 시청자의 오감을 자극하기 위해서 방송에 출연하는 연예인들을 고문하는 행위이다. 예술에는 등수가 존재할 수 없다. 그대는 피카소의 작품과 고흐의 작품을 점수화하여 비교할 수 있는가? 그대는 베토벤의 음악과 말러의 음악을 점수화해서 등수를 책정할 수 있는가? 그대는 톨스토이의 소설과 헤밍웨이의 소설을 점수로 비교평가할 수 있는가?

이러한 숫자중독은 사회에서 '줄 세우기 문화'를 양산한다. 줄 세우기, 즉 등수매기기를 일상화하여 경쟁을 부추기는 행위는 탈진사회의 단면이다. 일등을 한 사람은 그것을 지키기 위해서 피나는 노력을 해야만 한다. 당연한 이야기지만 정상등극의 기쁨은 잠시일 뿐이다. 정상을 향해서 치고 올라간 뒤에는 하산의 고통이 따르는 법이다. 넘버 원에서 넘버 투로 뒤처지는 순간, 순위뿐만이 아니라 자신의 모든 것을 잃을지도 모른다는 강박관념이 뇌리에서 떠나지 않는다. 마치 세상의 모든 사람이 자신을 비웃고 있는 듯한 기시감이 이인자의 헝클어진 자아를 송두리째 파괴한다.

반면 바닥에서부터 치고 올라온 이인자에게는 일인자라는 마지막 목표이자 희망이 존재한다. 이제 한 칸만 더 올라가면 정상이다. 언젠가는 일인자로 등극할지도 모른다는 도전자의 욕망이 끓어오른다. 하지만, 조금만 마음의 여유를 가져도 일인자의 길은 멀어진다. 아래를 내려다보는 순간, 자신을 추월하기 위해서 발버둥을 치는 자들의 몸부림이 이인자의 시선을 어지럽힌다. 이곳은 이미 무간지옥이나 다름없다. 죽기 아니면 까무러치기이다. 이인자의 머릿속에는 오로지 일인자 아니면 나락만이 존재할 뿐이다.

내 이름은 꼴찌

이번에는 꼴찌에 대해서 말해보자. 꼴찌에게는 하루하루가 고통의 연속이다. 더는 내려갈 곳이 없다. 세상에서 가장 못나고 무능한 인간이 바로 꼴찌이다. 시험성적의 꼴찌가, 인사고과의 꼴찌가, 달리기 시합의 꼴찌가 마치 인생의 모든 것으로 보인다. 종합등수를 발표한 순간, 꼴찌에게는 등수 이외에 다른 아무것도 보이지 않는다. 세상 사람 모두가 꼴찌인 자신을 비웃고 있는 듯하다. 그렇다고 꼴찌를 한 자신을 안전하게 숨길만 한 장소도 보이지 않는다. 일등 자리에 앉아 있는 친구 녀석이 마치 공부의 신으로 보이는 듯한 착시현상까지 일어난다. 내 이름은 꼴찌다.

사람이 사람을 평가한다는 것에 대해서 생각해 보자. 우리는 시골장터에 끌려나온 한우의 등급을 매기는 행위에 대해서 아무렇지 않게 생각하고는 한다. 동물애호가들이 들으면 펄쩍 뛸 일이다. 그들의 입장에서는 동물 역시 사람과 비슷한 심장을 가진 생명체이다. 동물애호가들은 소의 등에 아무렇지 않게 도장을 찍어대는 행위를 잔혹행위라고 말한다. 애석하게도 등급매기기는 가축에게만 해당하는 일이 아니다. 우리는 사회에 만연한 평가제도에 대해서 아무런 의심 없이 받아들이고 있다. 과연 숫자중독은 우리가 짊어져야 하는 당연한 통과의례일까? 숫자중독에서 헤어날 길은 요원한 것일까?

영혼의 서열화

원점으로 돌아가 보자. 사람의 가치는 무엇으로 평가할 수 있을까? 고민에 앞서 소개한 숫자중독 사례는 제외할 것을 제안한다. 이 시점에서 우리가 얼마나 숫자중독, 서열매기기에 심취하면서 살아왔는지 깨닫게 될 것이다. 인간도 동물과 다름없이 등급이 매겨지고, 무게에 따라서 값이 달라지는 현실이 안타깝지 않은가? 지금이라도 늦지 않았다. 유치한 등수매기기에서 벗어나 우리가 진정으로 원하는 인간의 가치가 무엇인지 고민해 보자.

인간의 영혼을 가치의 척도로 삼아보는 것은 어떨까? 1907년 미국의 덩컨 맥두걸 의사는 침대 크기의 정밀저울을 제작하여 임종 전후 사람의 몸무게를 측정했다. 연구 결과, 덩컨 맥두걸 의사는 사람이 숨을 거두면 21g의 몸무게가 빠져나간다는 사실을 발견하고 이를 공식 발표했다.

인간의 영혼이 21g이라면 이를 고기로 따진다면 삼겹살 한 점이 채 안 되는 분량에 불과하다. 인간의 가치가 새의 깃털보다 조금 무거운 21g이라니, 서글픈 일이 아닌가. 만물의 영장치고는 정말이지 초라한 성적표이다.

일상에서 흔히 겪는 숫자중독 현상은 인간을 무한경쟁의 늪 속으로 몰아넣는다. 친구들끼리 술집에서 모임을 해도 술을 얼마만큼 마셨느냐에 따라서 서열이 매겨진다.

주량이 제일 약한 사람은 그만큼의 수모와 면박을 감수해야만 한다. 퇴근시간에도 제일 먼저 나가는 사람이 문제사원으로 눈총을 받는다. 일이 없어도 자리를 지켜야만 한다. 회사에서 팔목이 시릴 정도로 인터넷 서핑을 할망정 제일 먼저 퇴근하는 것은 부서에서 제일 무능한 사람임을 공표하는 행위와 다름없다.

이처럼 숫자중독 현상은 어떤 장소에서도 두 명 이상이 모이면 서열을 정해야만 직성이 풀리는 부작용을 양산한다. 사소한 일에도 무조건 순위를 매겨야 직성이 풀린다. 자신이 꼴찌로 등극하는 것은 참을 수 없지만, 다른 누군가가 꼴찌가 되어 준다면 상관없다. 동의하는가? 그렇다면 그대는 이미 탈진사회의 숫자중독에 빠진 가여운 영혼이다.

사람의 가치를 점수화한다는 전제는 가축시장에서 팔리는 한우등급처럼 사람마다 다른 평가를 받아야 하는 경쟁지향의 사회를 의미한다. 탈진사회는 모두에게 일인자가 되라고 외친다. 아쉽지만 이는 연극에 불과하다. 이미 일인자의 자리는 세상에서 단 하나로 정해져 있다. 한 명이 등극하고 나면 언젠가는 다른 사람이 그 자리를 대신할 뿐이다. 끝없는 순위경쟁만이 탈진사회를 탄탄하게 지탱해주는 힘의 원천이다.

우연이든 필연이든 일등을 쟁취하는 순간, 자신이 눈을 감는 날까지 일인자라는 성취감이 파노라마처럼 이어질 것이라는 상상은 실로 엄청난 착각이다. 사람들은 일인자의 자리에 오른 이들에게 찬사의 말을 쏟아낸다. 하지만, 며칠 후 새로운 일인자가 등장하면 과거의 일인자는 깨끗하게 사람들의 기억에서 사라진다. 이것이 탈진사회에서 말하는 숫자중독 불변의 법칙이다.

다음으로 물질중독 현상이다. 물질중독의 역사는 소비의 역사와 흐름이 일치한다. 인류 역사에서 꼭 필요한 세 가지, 즉 의식주는 소비라는 측면에서 다양한 의미를 내포한다. 물질의 소유 여부에 따라서 인간의 가치가 매겨지는 이데올로기를 우리는 자본주의라고 말한다.

의식주의 이면에는 커다란 차이가 존재한다. 유명 메이커 의류를 입은 사람이 대우받는 사회. 똑같은 종류의 음식에도 몇 배의 가격 차이가 존재한다는 사실. 어느 동네에 살고 있는지에 따라서 사회적 계급이 정해지는 현실. 이렇게 의식주마저 인간의 가치를 보여주는 척도가 되어버린 물질세계를 우리는 탈진사회라고 부른다.

인간은 오로지 소비를 위해서 존재하는 생명체일까? 오로지 돈을 벌기 위해서 눈치보기식 야근과 상사의 폭언을 감당해야만 할까? 무한 소비를 위해서 주말이면 백화점으로 몰려가 기꺼이 신용카드를 꺼내는 일상만이 우리를 규정하는 방식일까?

우리가 인지하지 못하는 사이, 이미 기업과 미디어는 소비자를 물질이라는 아편에 중독시키는 데 성공했다. 사람이 살면서 필요한 물질은 그리 많지 않다는 사실을 기업은 인정하려 들지 않는다. 오히려 기업가는 기를 쓰고 신상품 개발(작년에 나온 제품과 그다지 다른 점이 없음에도)과 제품홍보(소비자가 구매하는 물건에 이미 기업의 천문학적인 광고비가 포함되어 있다는 사실을 잊지 말자.)에 사활을 거는 일이 허다하다.

인간이 물질의 노예가 되는 순간, 자동으로 탈진사회의 일원으로 편입된다. 자본가의 주린 배를 채워주기 위해서 우리는 철야근무를 마다하고 일을 해야만 하며, 건강의 적신호가 오든지 말든지 온갖 스트레스를 감수하고 돈을 벌어야 한다. 그렇게 일해서 받은 돈은 다시 자본가가 노리는 소비의 굴레에서 신기루처럼 사라져 버린다. 소비의 사이클은 뫼비우스의 띠와 비슷한 형태를 보이고 있다.

"죄송하지만, 중독되었습니다!"

노르웨이 오슬로 대학에서 한 국학 부교수로 활동하는 박노자는 자신의 저서 『박노자의 만감일기』에서 자본주의적 근대를 중독이라는 단어로 정의하고 있다. 그는 중독이란 물신화된 대상에 대한 부자연스러운, 본인의 의지력으로 벗어나기 어려운, 사회적 맥락이 은근히 강요한 집착이라고 말한다.

박노자는 가장 대표적인 중독의 사례를 햄버거와 콜라 등의 쓰레기 음식이라고 정리한다. 그는 오로지 편리함만을 추구하려는 현대인들의 집착을 이용하여 비만증과 동맥경화, 영양결핍 등을 일으키는 정크푸드 생산기업의 간교한 판매전략을 지적하고 있다.

그는 다음으로 일중독, 즉 장시간 노동에 대한 일종의 피학증적인 애착을 두 번째 중독이라고 말한다. 이는 신자유주의 시대의 산물인 '여가시간의 근무시간화' 증상으로 증명되는 부분이기도 하다.

또한, 인터넷과 스마트폰의 개발로 노동자를 24시간 내내 통제할 수 있는 친기업형 시스템이 구축된 것이 일중독이라는 비극의 촉매제라고 박노자는 설명한다.

추가로 사회생활에서 받은 스트레스를 격투기 경기관람 등을 통해서 풀려고 하는 폭력중독, 청소년들의 생활을 지배하는 게임중독, 미국 범죄문제의 주축을 이루는 마약중독, 감기와 병균살포의 주원인인 에어컨 중독 등을 그는 현대사회를 멍들게 하는 대표적인 중독현상이라고 성토한다.

박노자가 설명한 중독, 즉 정크푸드 중독, 일 중독, 폭력 중독, 게임 중독, 마약 중독, 에어컨 중독의 공통점은 무엇일까? 이러한 중독 증상에는 가해자와 피해자가 엄연히 존재한다는 사실이다.

분명히 알아야 할 것은 가해자는 중독을 퍼뜨릴 뿐 스스로 중독에 빠지지 않는다는 점이다. 그들은 중독증상을 좌지우지할 만큼의 충분한 자본을 소유하고 있다. 99명의 피해자를 지배하기 위해서 1명의 가해자는 중독이라는 맹독성 바이러스를 탈진사회에 퍼뜨린다.

가해자와 피해자

중독증상의 가해자는 자본을 움켜쥐고 있는 기업이다. 음식장사를 하는 기업을 살펴보자. 맥도날드와 코카콜라는 정크푸드를 상징하는 대표적인 기업이다. 그들은 패스트푸드 문화의 찬란한 번성을 꿈꾸지만 이 때문에 발생하는 비만, 영양소 결핍 등의 사회문제에는 아무런 관심이 없다. 오히려 이를 회피하기 위해서 각종 사회봉사활동이나 기부행위에 몰두한다. 자본가들은 정크푸드가 가지고 있는 치명적인 약점, 즉 음식물의 위해성을 감추기 위해서 현란한 광고와 밝고 화려한 상품 이미지의 포장에 열중한다.

패스트푸드의 피해자인 시민과 기업 간의 줄다리기에서 승리하는 자는 가해자인 기업과 자본가이다. 가해자는 늘 시민을 볼모로 한 음식전쟁에서 불사조처럼 살아남는다. 그들은 음식에 함유된 성분보다는 어떤 이미지로 고객에게 음식을 포장하는가에 관심을 집중한다. 이러한 외식사업의 만성 영양결핍 현상은 시민의 건강을 볼모로 사회적 악순환을 일으킨다는 데 문제가 많다.

한국기업을 상징하는 고질적인 일중독 현상은 한국인들이 살고 싶어 하는 나라를 살펴보아도 쉽게 알 수 있다. 한국인들은 노르웨이, 덴마크, 스위스, 캐나다 등 소위 국가에서 국민의 노후와 건강을 책임지는 사회복지국가에서 다시 태어나기를 바란다. 당연한 이야기가 아닐까?

북유럽 국가에 비해 거의 두 배에 가까운 살인적인 근무시간을 기록하고 있는 한국은 소위 탈진사회를 상징하는 국가 중 하나이다. 그렇다고 해서 노동자의 노후를 든든하게 뒷받침해줄 만한 정부의 재원이나 독거노인의 노후건강을 보살펴줄 만한 탄탄한 복지제도가 구축된 것도 아니다. 바보가 아닌 이상 미래가 보이지 않는 탈진사회에서 자본가의 노동기계로 살아가겠다고 마음먹는 사람은 없을 것이다.

결국, 한국의 노동자는 거의 대다수가 본인이 원하지 않는 상황에서 자신의 일터를 떠나야만 한다. 그들은 직장에서 퇴직하는 날까지 자신의 모든 에너지를 쏟아 왔다. 한국의 노동자들에게 있어 퇴직시점이란 사회적 부적응자로 도태되는 순간을 의미할 뿐이다. 그들에게 장밋빛 노후란 단지 신기루이다. 이러한 노동부조화 현상은 대부분 50대 초중반에 발생한다. 자신의 노후를 국가가 아닌 스스로 관리해야만 하는 탈진사회에서 상대방을 배려하고 희생하는 문화는 쉽게 형성되지 않는다.

중독이란 스스로 사태의 심각성을 인지하면서도 벗어나지 못하는 인지부조화 현상이다. 우리가 진정 중독되어야 하는 대상은 습관성 소비나 순위매기기 행위가 아닌, 자신과 동료의 본래 가치에 대한 지고지순한 믿음과 사랑이다. 자신의 가치에 대한 개발은 내팽개치고 오로지 사회에서 원하는 중독자의 행색으로 살아가는 사회를 우리는 탈진사회라고 부른다.

느리지만, 결코 멈추지 않는 것들
빛과 그늘

세상은 지금 섭씨 39도다. 신자유주의 전성시대, 갑을 문화, 땅콩회항 사태, 세월호 사건, 비정규직 문제, 미디어 중독, 자본세력에 포위된 교육, 소비만이 미덕인 사회구조, 1분이면 흡입 가능한 쓰레기 음식들의 난립.

우리는 스스로 만든 바벨탑 속에 갇혀 있다. '내가 어렸을 적에는'이라는 한탄이 절로 나온다. 정말이지 그 시절에는 지금은 누릴 수 없는 행복이 존재했을까. 사람은 비교하는 동물이다. 비교의 대상이 미래에 존재하기는 쉽지 않다. 우리는 존재하지 않는 것에 대해서는 점수를 매기지 않는다. 비교의 대상은 늘 과거에 머물 뿐이다.

어렸을 적에는 세상 돌아가는 게 단순명료했다. 당시 사람들은 많은 것을 기대하거나 원하지 않았다. 의식주가 주된 삶의 가치였기 때문이다. 그저 하루 세끼를 해결할 수 있는 음식과 식구들의 건강, 조금 더 나아가서 자그마한 방 하나 정도면 바랄 게 없었던 삶이었다.

학원도 많지 않았고 개인과외도 성행하지 않았다. 그저 학교에 남아서 열심히 문제집을 풀면 대학에 갈 수도 있었다. 대기오염이나 황사 때문에 외출이나 환기를 꺼리지도 않았다. 무차별적으로 쏟아지는 광고라는 괴물에게 시달리지도 않았다.

초등학교 친구들은 늘 길에서 딱지치기나 축구, 다방구로 시간을 보냈다. 그들의 또렷한 눈망울과 적당히 그을린 피부는 늘 건강했다. 하루에 수십 번씩 들여다보는 스마트폰 대신 하늘과 사람들을 바라보면서 성장기를 보냈다. 적게 원하고, 적게 보상받는 삶이 당연했던 시절이었다.

하지만, 그늘도 존재했다. 어른들은 언제부터인가 자정이 되면 귀가를 서둘러야 했다. 술자리에서 독재정치에 관한 말을 잘못 꺼내면 어렵사리 구한 직장에서 잘릴 수도 있었다. 대학가는 늘 데모로 수업거부가 이어졌다. 툭하면 멀쩡한 젊은이가 간첩으로 몰려 군대나 감옥으로 개처럼 끌려가야 했다. 정의나 민주나 자유라는 말은 먼 세상의 가치일 뿐이었다. 그뿐만인가. 일본식 교육시스템을 그대로 모방하여 중학교에 가면 머리를 삭발해야 했으며, 시커먼 교복 패션과 구타의 일상화는 창의적인 사고를 가로막는 암초나 다름없었다.

역사는 예고 없이 변화를 잉태한다. 영원할 것만 같았던 군부독재시대가 막을 내리고 야당 출신의 대통령이 탄생했다. 독일장벽이 무너지고, 철의 장막이 조금씩 벗겨졌다. 미디어의 발전으로 언제 어디서나 원하는 정보를 확인할 수 있게 되었다. 대중문화가 고급문화의 자리를 서서히 차지하기 시작했다. 새로운 직업이 탄생하고 시대의 흐름에 탑승하지 못하는 직업은 신속하게 사라졌다. 시대는 빠른 속도로 변신 중이다. 수년 후의 미래는 이제 아무도 점칠 수 없다.

어떻게 해야 할까? 미친 듯 돌아가는 변화의 소용돌이 속에서 우리가 할 수 있는 일은 무엇일까? 알아야 한다. 우리를 무의식으로 몰아넣는 어둠의 정체가 무엇인지 알아야 한다. 서서히 탈진하게 하는 마법의 비밀을 알아야 하고, 간사한 자본의 법칙을 알아야 한다. 우리를 구속하고 망가지게 하는 조종자가 누구인지, 노동의 노예로 만드는 자가 누구인지 알아야 한다. 멀쩡한 사람을 무뇌아로 변신시키는 미디어의 마력이 무엇인지 알아야만 한다.

원용진은 저서 『대중문화의 패러다임』에서 현대자본주의 사회는 장 보드리야르(Jean Baudrillard)가 제시한 묵시론적 시기에 접어들었다고 말한다. 그는 묵시론적 시기가 보편성을 띠긴 하지만, 여전히 그 성격은 공간에 따라 다르게 형성된다고 주장한다. 그는 묵시론적 시기를 극복하는 힘, 혹은 그에 편승하려는 힘, 묵시론적 시기 이전의 사회 모습 등이 한국사회의 성격을 특수한 것으로 만들어준다고 설명한다.

알고 덤벼야 맞아도 덜 아프다. 무의식중에 우리의 정신과 육체와 미래를 갉아 먹는 어둠의 정체에 대해서 알아야만 한다. 어둠 속에 웅크린 괴물의 정체는 바로 '탈진사회'다. 세상은 점점 더 교묘하고 영악하게 우리를 지배한다.

총과 칼의 시대가 20세기였다면 자본과 미디어의 시대는 21세기를 상징한다. 이러한 개체는 다양한 방법으로 사회를 잠식해 간다. 느리지만 절대 멈추지 않는다. 우리가 탈진에 탈진을 거듭하다 마침내 백기를 드는 순간, 자본과 미디어는 다른 곳으로 이리떼처럼 몰려간다. 탈진하는 순간, 우리는 유령처럼 이 세상에 존재할 수 없다. 탈진마저 자유롭게 행할 수 없는 팍팍한 세상이다.

책에서는 탈진사회를 구성하는 요인과 탈진사회의 해악에 대해서 정리하고 있다. 읽는 동안 속이 시원할 수도 있지만, 답답한 기분이 들 수도 있다. 다시 강조하지만, 우리는 알아야 한다. 우리가 막연히 상상하던 탈진사회의 정체에 대해서, 도대체 그곳에서는 어떤 사악한 기운이 도사리고 있는지 정확히 알아야 한다.

탈옥을 꿈꾸는 무기수처럼, 우리는 탈진사회의 면면을 파악한 후에 탈옥을 시도해야 한다. 누구도 탈옥을 말리지도, 권하지도 않는다. 탈출의 열쇠는 자신만이 움켜쥐고 있다. 물론 시간이 걸릴 것이다. 준비하는 동안 예상치 못한 장애물이 등장할 것이다. 의지가 약해지는 순간, 포기하고 싶은 유혹에 빠질 것이다. 하지만, 다시 일어서야 한다.

가왕 조용필은 인터뷰에서 어떻게 쓰러지느냐가 중요한 것이 아니라 어떻게 다시 일어서느냐가 중요하다고 말했다. 이왕 일어서는 거, 가능하면 더 높이, 더 멀리 일어서자. 우리의 발끝이 탈진사회를 떠나 우리가 꿈꾸는 세상에 닿을 때까지 힘껏 비약하자. 그곳이 어디일지라도 두려워하거나 움츠러들지 말자.

인간에게 의미 있는 삶은 혼자만의 삶, 개인의 삶이 아니다. 그리고 인간 전체의 삶에는 의미가 있다. 개인의 삶은 한 조각에 불과하다. 타인이 없이는 어느 누구도 존재할 수 없다. 가장 위대한 사람은 가장 보잘것없는 사람, 이름조차 알려지지 않은 사람이다. 이런 이유에서 우리는 모두 즐겁게 세상을 살아갈 수 있다. _라이몬 파티카르

10

복제인간 주식회사

탈진. 듣기만 해도 유체이탈의 느낌이 몰려드는 섬뜩한 단어다. 20대 시절, 내가 기억하는 탈진의 기억은 다음과 같다.

자신을 '보통 사람'이라고 말하던 노태우 대통령이 집권하던 시절이었다. 당시 군대조직에는 지금은 사라진 단기사병이라는 제도가 있었다. 단기사병에게는 방위병이라는, 조금은 저렴해 보이는 별칭이 자석처럼 따라다녔다. 내가 바로 방위병 출신이다. 당시 내가 생각하던 군대는 크게 세 가지 계급으로 쪼개졌다. 장교, 현역 그리고 방위.

현역병은 말 그대로 군대에서 24시간을 보낸다. 방위병은 군대로 출근하고 저녁이 되면 집으로 퇴근한다. 현역병은 복무기간이 길고 방위병은 짧다. 대충 육군 현역병보다 1년 정도 짧다고 보면 된다. 그래서일까? 방위병은 군생활을 설렁설렁 한다는 선입견이 사회에 가득했다. 물론 전투 방위라는 만만치 않은 보직이 있었다. 이들은 현역병을 능가하는 고달픈 군생활을 했던 분들이니까 일단 제외하기로 하자.

방위병은 예비군 훈련 통지서를 돌려야 하는 동사무소 방위, 현역병들과 생사고락을 함께하는 육군부대 방위, PX라고 불리던 군부대 매점 방위, 군대식단을 조리하거나 설거지를 포함하여 먹고 남은 음식물까지 치워야 하는 취사 방위, 위에 언급했던 전투 방위, 육군본부 당구장 방위, 육군병원 복사실 방위 등 정말이지 다양한 종류의 방위병이 존재했다.

당시 방위병은 현역병보다 여러 가지로 군대생활이 편하다는 이유로 확인되지 않은 괴담들이 흑사병처럼 돌아다녔다. '방위가 군인이면 참새도 새다. 잘 키운 방위 한 명, 열 현역 안 부럽다. 방위병이 출근하면서 싸들고 오는 도시락에는 수제폭탄이 숨겨져 있어서 북한에서 전쟁을 기피한다.'라는 이야기는 모두 방위병을 평가절하하려는 괴소문들이었다.

내가 방위병으로 입대하게 된 결정적인 이유는 시력이었다. 시력이 조금만 더 나빴으면 군 면제도 가능한 상황이었다. 허우대가 멀쩡한 20대 초반의 청춘이 방위병 판정을 받았다. 당시 가족을 포함한 주위 사람들이 '도대체 이 인간은 무슨 하자가 있어서 단기사병으로 판정이 났을까?'라는 의심 가득한 눈길로 나를 쳐다보던 기억이 생생하다. 나는 병무청이라는 기관에서 실시했던 신체검사를 받으면서 시각장애로 입대 기준이 정해지는 현장을 몸소 체험했던 세대이다. '초반부부터 뜬금없이 방위병 타령이 웬 말인가?'라고 생각할지 모르겠다. 자, 본론은 이제부터다.

내가 근무했던 부대는 예비군 중대본부라는, 도심에 있는 동사무소 위층에 자리 잡은 다섯 평 정도 크기의 사무실이었다. 주요 업무는 제대한 예비군 선배들의 훈련을 보조하는 일이었다. 연간 예비군 훈련일정표를 만들고, 동료 방위병들과 부지런히 예비군 훈련통지서를 돌리고, 직장예비군에게 필요한 서류를 배달하고(다행인지 불행인지 모르겠는데 당시는 이메일이 없었다.), 구파발 인근에 있는 군부대에서 훈련을 받고, 작업지원을 하는 것이 일과였다.

불편한 군대

믿기지 않겠지만 1990년대에 복무했던 방위병에게는 유격훈련이랑 100킬로미터 행군이라는 어마어마한 훈련과정이 존재했다. 당시 걷기만큼은 나름 자신이 있었던지라 100킬로미터 행군에 대해서 크게 걱정하지 않았다. 24시간을 밤을 지새우고 꼬박 걷기를 하고, 완전군장(총기를 포함한 등짐을 말한다.)을 한 채 도보로 이동하는 것이 소위 군대에서 말하는 100킬로미터 행군이다.

지금이야 스마트폰이 있어서 국내든 국외든 돌아다니는 데 별 지장이 없지만, 당시는 종이로 만든 지도가 전부였다. 24시간 일정으로 잡힌 행군길은 독사라는 별명의 현역 중대장의 착오로 길을 잘못 들어 27시간으로 늘어났다. 12시간이 지나자 발바닥에서 희미한 통증이 오기 시작하더니

20시간이 가까워져 오자 군홧발의 감각이 희미해졌다. 가끔 물컹물컹한 느낌이 드는 게 영 이상했다. 오른쪽 발바닥에 커다란 물집이 생긴 모양이었다. 50분 행군 후에 주어지는 10분간의 휴식 동안 발이 퉁퉁 부어 버린 군화를 벗는 과정도 만만한 일이 아니었다. 절반 정도 행군을 마쳤을 무렵, 발바닥의 상태를 확인하는 일 자체를 포기했다.

탈진의 경험은 24시간의 행군시간이 경과한 뒤부터였다. 사람의 심리란 게 묘한지라 머릿속으로 24시간이라는 시간이 입력되면 이에 맞춰서 머리와 육체가 반응을 한다. 24시간이 지나도 행군을 멈추지 않는 상황이 벌어지자 나를 포함한 동료들의 멘탈은 본격적으로 붕괴 조짐을 보이기 시작했다. 우박처럼 쏟아지는 졸음과 지칠 대로 지친 하체, 영하 15도를 오르내리던 혹한기, 24시간을 지나 언제 종착지에 도착할지 모르는 막막함이 우리를 괴롭혔다.

비몽사몽 간에 걷기를 반복했던 마지막 3시간의 고통은 지금도 잊히지 않는다. 문제는 여기부터다. 군대란 모든 인간에게 똑같은 잣대를 들이대는 사회이다. 키가 큰 사람도, 키가 작은 사람도, 똑같은 24시간의 100킬로미터 행군을 해야만 한다. 덩치가 큰 사람도, 덩치가 왜소한 사람도, 똑같은 사이즈의 총대를 메야만 한다. 마치 그리스 신화에 등장하는 프로크루스테스(아테네로 들어서는 길목에서 지나가는 사람들을 잡아다가 자신의 침대에다 눕힌 뒤, 키가 크면 나머지 부분을 잘라 죽이고 키가 작으면 늘려 죽이는 괴인)처럼 말이다. 몸이 아픈 사람도, 몸이 건강한 사람도, 무조건 똑같은 거리를 묵묵히 걸어야만 한다. 생명의 위협이 느껴지지 않는 한도 내에서 모두에게 똑같은 일상과 행위를 요구하는 곳이 군대라는 사회이다.

그렇다면 군대라는 조직은 필요악인가? 여기에는 다양한 결론을 도출할 수 있다. 국가가 존재해야만 개인이 존재한다는 전체주의적 관점이 존재할 것이다. 국가와 개인의 균형 잡힌 발전이 필요하다는 절충주의적 관점도 있을 것이다. 이것도 아니라면 국가보다 개인의 행복이 무조건 우선이라는 무정부주의적 사고 또한 존재한다.

문제는 군대라든가 국가라는 거대담론이 등장하기 시작하면 개인의 모양새는 축소되어야 한다는 사실이다. 우리는 수업시간에 국가가 계급을 초월한 존재라는 말을 들었던 기억이 있을 것이다. 이는 정부가 지위가 높은 자든, 부자든 가난한 자든 상관없이 모든 사람을 대표한다는 말이다. 사실일까?

아쉽게도 현실은 그렇지 못하다. 앞에서 언급했듯이, 오늘날의 사회란 모든 국민에게 평등한 기회를 제공하지 못한다. 조금 더 나아가면 자본주의의 형태를 취하고 있는 대부분 국가, 우리가 선진국이라고 말하는 국가들은 대부분 사유재산에 기반을 둔 사회의 형태를 취하고 있다. 사유재산에 기초한 국가란 재산의 과다에 따라서 대접을 달리한다는 말이기도 하다. 직설적으로 말하자면 많이 가진 자에게는 많은 혜택을, 적게 가진 사람들에게는 적은 혜택을 제공한다는 말이다.

런던 한복판에서 생긴 일

2011년 8월, 영국에서는 무슨 일이 벌어졌을까? 당시 영국 로이터 통신은 런던 지역을 중심으로 벌어졌던 폭동사태에 대해 다음과 같이 논평했다. "지난 18개월 동안 경기침체 속에 20%가 넘는 청년실업과 저소득층일수록 강도가 높아지는 물가 상승이 발생했다. 이러한 빈부격차에 대한 갈등이 폭동사태의 주원인이었다."

여기에서 주목할 부분은 약탈에 참여했던 이들의 처벌내용이다. 영국 경찰은 폭동의 재발방지를 위해서 목격자 증언 및 CCTV 영상 등을 토대로 상점 약탈자들을 철저하게 구속 조처했다. 경찰은 심지어 슬리퍼를 훔쳤다가 양심의 가책을 느껴 이를 거리 휴지통에 다시 버린 젊은이까지 CCTV 분석을 통해서 감옥으로 보냈다.

그렇다면 매년 수십억이 넘는 탈세를 저지르는 영국의 기업총수와 슬리퍼를 훔쳤다가 다시 버린 젊은이의 죄는 어떤 차이가 있을까? 죄의 무게만을 따진다면 슬리퍼 가격의 수만 배가 넘는 탈세를 저지른 기업총수의 그것이 크다고 볼 수 있다. 하지만, 대부분의 자본주의 국가에서는 두 가지의 범죄에 대해서 다른 잣대를 들이대고 있는 형편이다.

탈세의 혐의에서 벗어나지 못한 기업총수는 나름의 해결책을 가지고 있다. 고스톱으로 따진다면 기업총수는 오광패를 손에 쥐고 화투를 치는 셈이다. 그는 자신을 둘러싼 능력 있는 로비스트와 변호사 그리고 정부 고위관계자와의 유착을 통해서 얼마든지 자신의 혐의를 백지화시킬 만한 힘을 가지고 있다. 하지만, 슬리퍼를 훔친 젊은이는 구속을 피하려고 자신의 수개월 치의 급여를 털어서 변호사를 수임하고, 재판

과정을 감수해야 한다.

여기서 국가라는 거대담론이 다시 등장한다. 사례에서 보다시피 국가는 개인과 기업에 다른 차원의 잣대를 들이댄다. 이는 개인의 과오와 기업의 과오에 대해서 차별적인 기준을 적용한다는 것을 의미한다. 마치 국가 간에 벌어진 전쟁상황에서 군인과 민간인들을 살상한 사람에 대한 처벌은 문제 삼지 않지만, 일반사회에서 개인 간에 벌어진 살인사건에 대해서는 일벌백계를 가한다는 의미이다.

국가란 개인에게는 복제된 아바타의 모습을, 기업에는 국가를 위해서 물질적인 지원을 동시에 요구하는 일종의 규범체제이다. 국가 주도하에 사고와 행동이 곰보빵처럼 획일화된 국민은 자유의지의 박탈을 감수해야 한다. 자유의지가 증발해버린 개인은 국가에 자신의 영혼을 잠식당하는 악순환을 감수해야 한다. 영국은 시민폭동이라는 사건을 통해서 탈진사회의 단면을 전 세계에 생방송을 하는 꼴이 된 셈이다.

아바타화 작업

이번에는 영국의 정신적 동반자인 미국으로 건너가 보자. 1980년대를 미국경제 부흥의 시대로 이끌었던 레이건 정부는 미국 문화예술지원 기관인 NEA(New Endowment for the Art)를 폐쇄하려는 계획을 세운다. 연간 지원기금이라고 해봐야 한국 돈으로 겨우 10억 정도에 불과한 일개 문화예술조직을 없애려고 했던 레이건 정부의 속셈은 무엇이었을까?

여기서 미국 문화예술지원 기관의 탄생에 대해 잠시 알아보기로 하자. 제2차 세계대전이 발발하기 전이었던 20세기 초만 해도 미국의 라이벌은 소련이 아닌 영국과 프랑스였다. 특히 프랑스는 루이 14세 이후 이어져 온 문화부흥정책에 힘입어 유럽 제일의 문화국가라는 아성을 구축한다. 프랑스 정부는 제1차 세계대전 이후 재즈, 콜라주, 영화, 여성 동성애 소설 등 새로운 문화예술 부흥에 앞장선다. 이러한 가운데 1922년 폴 레옹 문교부 미술국장 주제하에 AFEEA(프랑스 예술진흥위원회)를 창설한다.

문화예술을 국가적 기치이자 세계화의 수단으로 삼았던 프랑스와 달리 미국정부는 문화예술에 종사하는 이들에 대해서 적대적인 태도를 감추지 않는다. 창조를 생명으로 삼는 예술가 집단은 전체주의적 국가정책을 신봉하는 미국 보수파 정치인들에게 눈엣가시와 같은 존재라는 게 이유였다.

아메리카니즘이라는, 국민의 의식을 모자이크화 하여 배후조종해 보겠다는 미국정부의 욕심은 새로운 벽에 부딪힌다. 벽의 정체는 제2차 세계대전 이후 등장한 미소 간의 냉전기류였다. 미국은 세계대전의 폐해에서 멀찌감치 비켜나간 행운아였다. 이는 유럽의 전후 복구작업에 필요한 공산품의 제공처로서 얻어지는 경제적 부가가치의 수혜국임을 의미한다. 당연히 미국에 대한 (구)소련의 공세가 이어진다. (구)소련은 미국에 대해서 오로지 돈만 밝히는, 문화와는 전혀 거리가 먼 패권주의 국가라는 비난을 퍼부었다.

영국과 유럽국가들에 대한 문화적 열등감에 허덕이던 미국은 자의 반 타의 반으로 1965년 문화예술지원지금, 즉 NEA를 창설하여 문화예술 부흥에 나선다. 물론 아메리카니즘을 해치지 않는 범위 내에서 말이다. 한쪽 다리만을 문화예술 부흥에 엉거주춤하게 걸친 미국정부의 이중적 태도는 NEA에 대한 소극적인 지원정책으로 명맥을 유지하는데 그친다.

민주당 출신의 카터 대통령과 달리 보수파의 대부격인 레이건 정부는 이러한 배경하에서 NEA의 폐쇄를 추진한다. 하지만, 미국 내 예술가 집단을 포함한 진보주의자들의 강력한 반대로 계획은 수포로 돌아간다. 꿩 대신 닭이라는 심경으로 레이건 정부는 1982년 NEA 설립 최초로 지원예산 10% 삭감을 단행한다. 이후 1983년에는 NEA의 예산을 동결한다. 자신들의 예술가 탄압행위가 부담스러웠는지 1985년 레이건 대통령의 아내인 낸시 레이건을 국가 예술협의회 명예위원으로 임명하는 꼼수를 벌인다.

NEA 사건에서 보듯이 미국 보수주의자들에게 예술가 집단이란 국민의 아바타화 작업에 커다란 걸림돌이었다. 그들은 1960년대 후반 불어닥친 흑인 인권운동, 베트남 전쟁의 실패 후유증, 히피즘의 태동, 페미니즘 운동, 거대 노동조합의 출현, 소수인종의 발언권 확대 등이 미국 제일주의, 즉 아메리카니즘을 가로막는 장애물이라고 판단했다.

이러한 정치적 배경하에서 정권에 무조건 순종하는 국민을 양산하려는 전략은 한국을 포함한 세계 보수정권의 중요한 숙원사업이었다. 아바타형 국민을 배출하는 장소는 국가, 정부, 군대가 아닌 장소에서도 등장한다.

인간 생산 전초기지

학교 또한 복제인간을 생산하는 사회이다. 이번에는 피터 웨어 감독과 배우 로빈 윌리엄스가 완성한 영화 〈죽은 시인의 사회〉를 소개할 순서이다. 영화는 1959년을 배경으로 보수적인 남자 사립학교인 웰튼 아카데미(Welton Academy)에 중년의 영어 선생이 부임하면서 시작한다.

웰튼 아카데미의 학생들은 한국으로 따진다면 이른바 강남스타일로 성장한 청년들이다. 그들은 사회적으로 성공한 부모의 전폭적인 관심과 기대 속에서 학창시절을 보낸다. 그들의 미래는 부모가 원하는 미래와 동일 선상에 놓여있다. 영화 초반부에 나오는 입학식 장면에서 학생들의 눈망울은 모두 비슷한 모양새를 하고 있다. 이는 타자 때문에 과도한 통제를 받은 이들에게서 공통으로 나타나는, 의지가 거세된 복제인간의 이미지를 상징한다.

물은 위에서 아래로 서서히 흐를 때 아름다운 풍경을 만든다. 영화에서 등장하는 선생님 로빈 윌리엄스는 학생들에게 아래로부터의 변화를 유도한다. 엄친아 학생들은 자유의지가 충만한 신입 선생님으로 인해 이성에 눈을 뜨고, 문학의 중요성을 알게 되고, 비합리적인 학교의 규율을 비판하고, 진정으로 원하는 자신들의 이상이 무엇인지에 대해서 고민한다.

하지만, 통제와 규율에 익숙한 학생들에게 로빈 윌리엄스가 던져주는 자유는 결국 한계에 직면한다. 자신의 진로문제 때문에 완고한 부모와 갈등하던 학생이 자살을 선택하면서 영화는 비극을 향해 치닫는다. 로빈 윌리엄스는 사건의 책임을 지고 자신이 모교를 쓸쓸히 떠나면서 영화를 마친다.

마지막으로 자신의 교실을 방문한 키튼 선생님. 그를 추종했던 일부 학생들은 책상 위에 올라서서 그를 배웅한다. 이 장면에서 영화는 관객에게 두 가지 상황을 던진다. 책상 위에서 내려다보는 세상은 책상에 앉아 바라보는 세상과 다르다. 이는 세상을 보는 시각을 바꿔 주려 했던 로빈 윌리엄스의 가치관을 일부 학생들이 마음으로 인정하는 부분이다. 반대로 로빈 윌리엄스의 교육방침을 받아들이지 못하던 학생들은 책상에 앉은 채 학업에 몰두하려고 애를 쓴다. 이들은 보수적인 교육 환경에 굴복해버린 복제인간이다.

영화에서 보듯이, 세상은 변화를 추구하는 이들과 사회에서 정해준 틀 안에서만 호흡하려는 이들과 갈등과 투쟁의 장이다. 어느 편에 서야 할지는 각자의 선택에 달려 있다. 확실한 것은 탈진사회로 가는 지름길이 후자라는 사실이다. 편하고 쉬운 선택은 그만큼의 대가가 따른다.

책상 위에 서서 변화를 추구하는 이들은 평생토록 사회적 차별과 편견 속에서 살아가야 한다. 그들이 추구하는 삶은 좌절의 연속이지만 때때로 성취의 즐거움이 존재한다. 복제화된 인간으로 살아가려는 이들은 결국 자신이 만들어낸 틀 속에 다시 갇힐 수밖에 없다. 나이가 들어 지금까지 자신이 걸어온 길을 후회한다 해도 소용없다. 이미 그들은 복제인간으로 완성되어 뇌와 심장의 기능이 차갑게 굳어버렸기 때문이다.

학교가 복제화된 인간들을 생산해 내는 전초기지로서 역할을 할 때 우리는 죽은 시인의 사회가 아닌, 죽은 교육의 사회와 대면한다. 그곳에는 인문학의 중요성도, 인간정신의 소중함도, 소통의 필요성도, 스승과 제자와의 애틋한 관계도 존재하지 않는다.

무허가 복제인간 주식회사

군대, 정부, 국가, 학교에서 원하는 복제인간들의 특징은 무엇일까? 첫 번째로 변화에 대한 발기불능 현상이다. 자신 스스로 미래를 만들어가는 능동적인 삶을 살아가기 위해서는 새로운 현실과 맞설 수 있는 용기와 어떤 손해라도 감수할 수 있는 뜨거운 심장이 필요하다. 하지만, 복제인간을 양산하려는 탈진사회의 틀 속에서 온실의 화초처럼 성장한 인간들은 변화된 상황에 적응하는 데 수많은 애로사항이 따른다.

바둑에서 말하는 화초바둑 또한 비슷한 의미이다. 바둑책을 끌어안은 채 몇 안 되는 특정 상대하고만 바둑을 연마한 이들은 새로운 기풍의 상대를 만나면 고전을 면치 못한다. 이것이 바로 화초바둑의 실상이다. 그대는 앞으로 화초바둑을 둘 것인가? 아니면 질기고 튼튼한 잡초바둑을 둘 것인가?

두 번째 복제인간의 특징은 기초체력의 부족이다. 남들의 지시나 강권에 의해 마지못해서 하는 일은 결과 또한 신통치 않기 마련이다. 반대로 자발적 욕구로 추구하는 일은 결과에서 커다란 차이를 보인다. 어떤 일이든 간에 자신이 원하는 결과를 얻어내기 위해서는 수없이 많은 장애와 시련을 겪어야만 한다. 실패의 경험이 하나, 둘씩 축적된 사람들은 상상했던 것보다 더욱 탁월한 결과물을 만들어낼 수 있다.

자유의지가 거세된 복제인간은 기초체력 또한 부족하기 마련이다. 체력이란 곧 지구력을 의미한다. 자유를 포기하는 일 외에 세상에서 쉽게 얻을 수 있는 일은 그리 많지 않다. 복제인간이 아니라면 늘 가던 길만을 고집하지 말아야 한다. 익숙한 길을 걷는 발걸음은 당장은 편하지만, 시간이 흐르면 무릎 통증을 동반한 체력고갈이 불청객처럼 그대를 방문할 것이다.

복제인간의 마지막 특징은 비판의식의 결여이다. 그들은 어떤 상황에서도 비판하기를 거부한다. 아니 비판할 능력 자체가 없다. 그저 남들이 시키는 대로, 세상 돌아가는 대로 살기에도 바쁘다고 변명하면서 건조한 하루하루를 보낸다. 비판의식은 사회를 괴멸시키는 시한폭탄 같은 존재라고 여기는 이들이 복제인간이다. 비판하려는 의지가 없다 보니 새로운 해답을 얻는 데에도 오랜 시간이 걸린다. 비판의식이 결여된 복제인간은 잘못을 저질러도 쉽게 인정하려 들지 않는다. 복제인간에게 비판이란 늘 자신이 아니라 타인을 공격하기 위해서 동원되는 임시방편용 수단일 뿐이다.

비판인자가 사라진 복제인간에게 사회가 요구하는 것은 탈진하는 그날까지 유체이탈의 상태에서 아무런 의식 없이 일하는 것뿐이다. 비판의식이 삭제된 복제인간은 새로운 상황을 수용하는 데에도 오랜 시간이 소요된다. 이것이 탈진사회가 노리는 꼼수이다. 변화된 상황 그 이후의 일은 누구도 관여하지 않고 책임지지도 않는다. 그것이 바로 탈진사회의 함정이다.

대학강의가 공동체의 역할을 수행하는 경우는 극히 드물다. 하지만, 그렇게 돼야 한다는 희망이 미국 대학의 강의실에서, 특히 교수들에게서 강력하게 일어나고 있다. 좋은 강의가 되기 위해서는 학생들로 하여금 많은 이야기를 하게 해야 한다. 또한, 교수의 역할은 학생들이 각자의 견해를 표현하게 하고, 이를 분명하게 평가하는 것이다. 어떤 강의가 '개방적'인지의 여부를 묻거나, 학생들이 자유롭게 자신의 의견을 말하는 분위기를 어떻게 만들 것인가를 묻는 항목이 바로 그런 예다. _레베커 네이던

11

대학의 민낯

다음 대화가 등장하는 시대를 상상해 보자. 대화가 이루어지는 장소는 대학가에 있는 술집이다.

신입생 A : 신화를 잃어버렸다는 뜻인가?

신입생 B : 그 이상이지. 우리는 저 화면에서 몰락하는 정신을 보고 있는 거야.

신입생 A : 정신의 몰락?

신입생 B : 얼핏 보기에 과학은 정신에 속하는 것 같지만 사실은 물질에 속해. 그 것은 물질의 질서이며, 그 발전은 물질의 발전을 뜻할 뿐이야.

신입생 A : 하지만, 그게 왜 나빠?

신입생 B : 이십 세기 초에 올더스 헉슬리는 인류의 멸망이 거대한 두뇌 때문이 아닐까 하고 근심한 적이 있었지. 지금도 많은 사람들이 그런 그의 견해에 동조하고 있지만 그건 쓸데없는 근심이야. (중략) 과학이 기를 수 있는 것은 결국 우리의 육체뿐이니까.

신입생 A : 그렇다고 현대의 정신이 온전히 잠들어 있다고 생각하지 않는데……

신입생 B : 하기야 반드시 그렇다고 말할 수 있겠지. 그러나 물질의 이와 같은 전에 없던 팽배에 비해, 현대의 정신이 보여주는 것은 다만 거듭되는 파산의 징후뿐이야.

(출처 : 이문열, 『젊은 날의 초상』, 민음사)

이 대화는 작가 이문열의 소설 『젊은 날의 초상』에서 발췌한 것이다. 작가의 자서전적 작품으로 유명한 『젊은 날의 초상』은 드라마와 영화로도 제작되어 화제가 되었던 소설이다. 두 명의 대학신입생들이 주고받는 이야기를 통해서 우리는 여러 가지 시사점을 발견할 수 있다.

우선 정답부터 알아보자. 대화가 등장하는 시대는 1970년대이다. 주인공이 대학 도서관에서 우연히 알게 된 인물 하가와 김형이 주고받는 대화 내용을 인용해보았다. 요즘 대학가 신입생들의 술자리에서 이런 식의 대화가 등장한다면 아마 안드로메다에서 요양차 지구를 방문한 외계인 정도로 취급받기 십상일 것이다.

이들의 대화는 형이상학적이다. 인문학을 몸으로 체험했던 세대의 인생관은 깊고도 넓다. 여기에서 인생과 가치관에 대한 진지한 토론문화가 자취를 감춰버린 작금의 대학현실을 지적할 수 있다. 4년 내내 침묵으로 자리를 지키는 수강생이 정상인으로 취급받는 장소가 현재의 대학교 강의실이다. 이러한 토론 부재 현상을 방관하고 있는 교수들의 책임 또한 적지 않다.

두 번째로 스승과 제자라는, 존경과 사랑을 기반으로 한 인적관계가 증발해버린 상아탑을 떠올릴 수 있다. 토론 위주로 진행해야 하는 대학원 강의실에는 수십 명이 넘는 학생들이 모여 있다. 따라서 교수와 학생들 간의 인적교류는 시간적으로나 환경적으로나 여의치 않다. 인생의 스승이 아닌 정보전달자로 교수의 위치가 변질하여 버린 것이다. 21세기를 살아가는 대학생들이 생각하는 스승의 이미지는 인격이 아닌 학점이라는 서열식 평가제도이다.

마지막으로 자신의 일상에 저항하면서 세상에 온몸으로 부딪치는 주인공을 묘사한 소설 『젊은 날의 초상』에 등장하는 시대적 상황 또한 추가해야 할 것이다. 민주화를 위해서 목숨을 걸었던 수많은 한국의 대학생들을 기억하는가? 만일 그들이 없었다면? 파시즘의 유령이 지배했던 1970~1980년대의 정치적 그늘이 사라진 21세기의 대학가에는 개인주의를 표방한 이기주의와 변질한 자유만이 넘실댄다.

토론문화도, 삶에 대한 진지한 고민도, 사제간의 애틋한 정도 찾을 수 없는, 마치 기업시스템과 다를 바 없는 일종의 비즈니스 모델이 되어 버린 대학의 슬픈 초상. 도대체 무엇이 대학의 풍경을 사막처럼 변화시킨 것일까? 대학은 발전하고 있는가? 아니면 퇴보를 거듭하고 있는가?

이광주의 책 『대학의 역사』에 의하면 중세시대의 대학은 교사가 정해진 텍스트를 구술하고 해설하는 강의 못지않게 토론과목을 중시했다고 한다. 토론 방식은 다음과 같다. 우선 교수가 토론 주제를 학생들에게 미리 통보한다. 토론이 진행되는 과정에서 교수를 포함한 학생과 졸업생까지 자유롭게 이의를 제기할 수 있다. 교수는 자신이 정한 토론 주제와 관련한 학생들의 이의에 대해서 자신의 의견으로 응수한다. 여기서 그치는 것이 아니다. 학생들은 교수가 던진 의견에 대하여 다시 반론과 질문을 반복할 권리가 부여된다. 이렇게 학생과 교수 간의 질문과 대답이 반복되는 가운데 새로운 사상과 이론이 정립된다.

이의제기를 전제로 한 토론이라니, 요즘 대학의 강의실이라면 괘씸죄에 걸리고도 남을 일이다. 당시 대학의 학습과정은 원문읽기에서 시작하여 질문으로, 질문은 다시 토론으로 이어지는 과정이 존재했다. 이런 학습과정을 거쳐 학생들은 스스로 교수가 던진 질문에 대한 변증법적 지식을 흡수해야 했다. 즉, 자율적으로 사고하는 능력을 갖추는데 대학교육의 초점이 맞춰져 있었다.

과거의 대학은 학문과 교양에 대한 기초학습이 강조되었다. 오늘날의 교양학부로 불리는 학예학부는 문법 수사학, 논리학, 산수, 기하학, 천문학, 음악 등으로 이루어져 있었다. 이러한 교양과목을 학문의 중심으로 우선 학습하는 과정이 필수였다고 하니 현재의 대학과 비교할 때 기초체력 면에서도 커다란 차이가 있었음을 알 수 있다.

한편 20세기 초부터 본격적으로 등장한 산업사회는 고등교육의 대중화를 초래한다. 선택받은 계급의 징표인 대학이라는 좁은 문이 활짝 열린 것이다. 산업혁명 이후 도래한 대중사회는 대학의 특성을 변화시키는 촉매제가 되었다. 이는 과거보다 엄청나게 증가한 대학생의 숫자로 확인 가능한 부분이다.

대학의 일반화 현상은 현대에 와서 대학졸업생의 높은 실업률과 교양교육의 부재, 지식의 공동화 현상 등을 초래한다. 결국, 21세기의 대학이란 단지 취업이나 사회로 진출하여 돈을 벌기 위한 교두보 정도로 추락해 버렸다. 경영학, 의학, 법학 등의 일부 선택받은 실용학문만이 살 길이며, 과거 교양학문으로 대우받던 인문학 계열의 과목은 천덕꾸러기로 전락해버렸다.

최후의 교수들

2014년 번역서로 국내에 소개된 프랭크 도너휴의 저서 『최후의 교수들』에서는 기업가가 득세하기 시작하던 19세기 말부터 인문학에 대한 탄압이 시작되었다고 말한다. 철강왕이라고 불리던 데일 카네기는 인문학 교육을 받고 졸업하는 학생들에 대해서 다른 행성에서나 살아야 할 존재라는 독설과 함께 셰익스피어나 호머 따위를 연구하느라 시간을 허비하는 일은 쓸모없기 짝이 없다고 주장했다.

대학을 둘러싼 사회환경의 변화는 20세기 후반 들어 본격화한다고 저자는 언급한다. 신자유주의 이념이 사회 전체를 아우르는 변종 철학으로 등장하고 경영관리 개념이 보편화하면서 대학은 관료 체제로 바뀐다. 프랭크 도너휴은 현재 미국 대학에서는 교수나 대학원생이 기업식 가치에 굴복했다고 말한다. 그는 지성이나 학식이라는 개념의 자리를 생산성, 효율성, 경쟁적 성과 등 시장적 개념이 차지한 실태를 『최후의 교수들』을 통해서 설명하고 있다.

대학은 학문의 요람이라는 신비주의에서 벗어나 단지 남들보다 더 많은 자본을 흡수하기 위한 직업양성소로 존재한다. 진지한 토론식 수업을 하기에는 넘치는 인원의 학생들, 강의의 내용은 제쳐놓고 오로지 후한 학점을 주는 교수를 쫓아 수강신청을 하는 학생들, 전공에 대한 관심보다는 자격증 따기에 몰두하는 대학생활, 학기 내내 학생들과 면담이라고는 할 생각조차 없는 껍데기 교수들, 하루 치 술값에는 아낌없이 지갑을 열지만 전공책 구매에는 관심이 없는 엉터리 학생들이 모인 곳이 지금의 대학이다.

한국의 대학교에는 국내 굴지의 대기업이 재정적 후원을 하는 곳이 여럿 존재한다. 학교행정을 좌지우지하는 기업후원형 대학은 자본주의 시스템을 충실하게 이행하는 대체공간에 불과하다. 기업형 대학은 수익의 극대화라는 자본주의의 논리를 충실하게 따른다. 그들은 수강신청이 몰리지 않는 과목은 과감하게 철폐하고 비인기학과로 전락한 인문학 관련 전공은 간판을 내리는 데 한 치의 고민도 하지 않는다.

그렇다면 지명도가 낮은 예체능 중심 대학의 현실은 다를까? 아쉽게도 그렇지 않다. 신입생 유치를 위해서 대학 측은 교수들을 동원해 전공과 관련한 고등학교 수험생들이 다니는 사설학원에 호객행위를 강요한다. 명절이면 고급와인을 싸들고 미술학원이나 음악학원의 문지방이 닳도록 드나들어야 하는 게 대학교수들의 주업무라면 이미 그 대학의 미래는 불

보듯 뻔한 일이다. 교수들이 학구적 에너지를 쏟아야 할 곳은 상아탑이지, 길바닥이 아니라는 사실을 직시해야 한다. 탈진사회의 심장부에는 대학이라는 교육의 원천이 철갑을 두른 채 숨어 있다.

그 시절, 대학가는 따뜻했네

1980년대까지만 해도 대학에는 학생시위가 끊이지 않았다. 지금처럼 등록금 인하, 복지시설 확충 등의 담론이 시위의 목적이 아니었다. 당시 대학생은 사회를 바라보는 시각 자체가 신자유주의가 학생들의 뇌를 지배하는 현재와는 판이하게 달랐다.

1980년대 초반, 군부정권에서 배출한 대통령의 일부 업적이라면 과외철폐령을 빼놓을 수 없다. 당시는 과외행위 자체가 불법이었다. 물론 극소수의 고위층 또는 부유층 자제들은 비밀과외를 받았다. 선택받은 자들의 자제들이 받을 수 있었던 1:1 방식의 과외는 일반적인 사회현상으로 전이되지 못했다. 수험생을 위한 학원 자체가 존재하지 않았던 시절이었기에 살인적인 교육비에 대한 부담이 없던 속 편한 시절이었다.

학원수업에 의존하는 방식이 아닌 환경에서 대학진학 공부를 했던 학생들은 자연히 학교수업을 중심으로 모일 수밖에 없었다. 정규수업과 보충수업 그리고 서점에서 판매하는 문제집 정도가 수험생들의 공부수단이었다. 다행히 수험생들은 서울이나 지방 할 것 없이 동등한 상황에서 원하는 대학을 목표로 학업에 몰두할 수 있었다. 수업을 진행하는 스승의 실력 차는 있었지만 학원의 도움 없이도 스스로 노력하는 학생은 높은 점수를 받을 수 있는 환경이 조성되었던 시절이었다. 평등한 경쟁환경에서 성장한 학생들은 사회를 바라보는 시각 자체도 굴곡이 적을 수밖에 없었다.

하지만, 지역문화의 차이는 엄연히 존재했다. 서울에서 학교생활을 하다가 대학에 진학한 중산층 대학생은 서울출신이라는 기득권자적 사고방식에 빠지곤 했다. 그들은 대학생활에서도 지방출신 학생들에 비해 자기중심적인 자세로 학교생활을 하는 경우가 일반적이었다. 정치적 무관심과 이로 인한 역사 순응주의적 사고방식은 반지성적인 사회인들을 양산할 수밖에 없다.

반대로 지방출신의 학생들은 서울 소재 대학에 진학한 후 자신이 성장했던 터전의 문화, 즉 서울에 비해 정치문화적으로 낙후된 지방지역의 현실을 깨닫는다. 이들은 지역에 대한 차별 그리고 문화적 수혜의 불평등을 몸소 느끼며 대학생활을 견뎌야 하는 상황에 부닥친다. 출신지역에 따른 차별은 여기에서 그치지 않는다.

성장환경의 차이에서 오는 괴리감은 대학생의 정치의식에 결정적인 영향을 끼쳤다. 지방출신의 학생들은 당시 군부독재가 횡행하던 역사적 현실에 대한 문제점을 상대적으로 강하게 받아들인다. 그들은 대학생이라는 학적마저 포기해 가면서 학생운동에 전념했다. 당시에는 학생운동 중 구속이 되면 강제로 현역병으로 입대시키는 이상한 제도가 존재했다. 또한, 학생운동 때문에 대학에서 퇴학당하는 상황이 하루가 멀다 하고 벌어졌다. 지금의 대학생들에게는 상상조차 힘든 일이다.

학생운동은 1980년대를 민중문화의 시대로 이끄는 촉매제가 되었으며, 대한민국의 민주화를 앞당기는 결정적인 단초가 되었다. 역사에서 만약이라는 가정은 수많은 변수를 낳는다. '만약 현재의 대학생들이 1980년대 군부독재시대의 대학에 다니고 있다.'라고 가정한다면, 학생민주화운동의 역사를 반추할 때 매우 비관적인 결과를 남겼을지도 모른다.

자본 앞에서 항문을 벌리는 곳

당시 경제상황이 현재보다 넉넉했다고 말하는 경제학자는 없다. 지금보다 더 못 살고 더 힘들게 살았던 시대가 1980년대였다. 적게 벌고 적게 쓰는 삶에 대해서 수용적 태도를 보였던 시대가 바로 1980년대였다.

이후 한국을 휩쓸고 간 경제부흥은 강남불패 신화와 부동산 투기 그리고 빈부격차의 심화라는 국민 간의 정서적 불균형을 낳았다. 1997년 발발했던 외환위기마저도 부자들의 재산증식에서 암초가 되지는 못했다. 아니, 오히려 부자들은 경기불황 때문에 반 토막이 나 버린 부동산 매입에 두 팔을 걷어붙이고 달려들었다.

돈은 다시 돈을 낳기 마련이다. 직장에서 퇴출당하고, 시장의 수요가 사라진 전쟁터에 내버려진 자영업자들은 자신이 한때 중산층이었다는 사실마저 기억에서 지워야 했다. 암흑의 터널에서 빠져나오기 위해 국민들은 스파르타식 교육체제에 더욱 심하게 종속되어야 했다. 1990년대 후반부터 대학진학은 선택의 영역이 아닌, 이를 악물고 진입해야만 하는 통과의례로 탈바꿈한다.

2000년대는 대학기관의 팽창이 극에 달하던 시기였다. 수험생 대부분이 수도권에 있는 대학진학을 원했다. 이마저 여의치 않으면 부잣집 학생들은 영어권 국가로 발길을 돌려야 했다. 과거 명문대라 불리던 지방대학들은 줄어드는 신입생 때문에 교수들이 직접 학생들을 유치하기 위한 영업사원으로 변신했다. 대학은 기업과 다를 바 없이 일정 수익이 보장되어야만 존재하는 일종의 생산기지로 전락한다.

경영학과니 의대니 하는 인기학과는 몰려드는 신입생 덕분에 대학재정에 돈다발을 보장하는 복덩이가 되었다. 반면 문사철로 불리는 인문계 비인기학과는 애물단지로 전락했다. 미국 대학에서도 인문계 학과의 위기는 프랭크 도너휴이 언급했듯이 산업사회가 마수를 뻗치던 19세기 말 무렵부터 존재했다. 하지만, 그들은 학과 간의 균형발전을 위해서 중고등학교 시절부터 토론 위주의 수업과 대학 교양과목의 중요성을 인지하고 이를 학교 커리큘럼에 적절하게 배치하는 방식을 도입한다.

다음으로 스승과 제자 간 지식의 균형적인 발전보다는 서열과 파벌을 중시하는 비뚤어진 대학 내 관행을 지적할 수 있다. 기업에서 상사와 직원과의 관계는 인사고과, 즉 사람을 수치로 평가하는 방식이 일반화되어 있다. 이미 산업사회에서 노동자는 인격체라기보다는 인적자원으로 분류된다. 인격이 거세된 인간관계는 평가라는 제도 앞에서 무력해질 수밖에 없다.

상사는 직원평가라는 무기를 통해서 직원을 압박하고 조종한다. 직원은 상사가 가지고 있는 가장 큰 무기, 자신을 해고하거나 반대로 승진시켜줄 수 있는 인사고과 제도의 파괴력에 철저하게 종속된다. 물론 상향식 평가 또는 리더십 평가라는, 직원이 자신의 직속상사를 평가하는 제도가 일부 기업에서 존재하지만, 그 영향력은 미미한 상태이다.

그렇다면 기업을 움직이게 하는 동력 중 하나인 직원 상하 간 평가제도가 대학이라는 사회에서도 존재하는가? 아쉽지만 대답은 '그렇지 않다.'이다. 대학 내 스승과 제자와의 관계는 학점과 논문평가 그리고 강의채용이라는 세 가지 단초로 짜여 있다. 강의평가제도가 있다지만 이는 대학재정을 먹여 살리는 시간강사를 평가하는 항목일 뿐이다.

교수는 자신이 수족처럼 부릴 수 있는 제자를 선택할 수 있는 권리를 학점과 논문평가라는 보완장치를 통해서 보장받는다. 일부 몰지각한 교수는 노골적으로 학생들에게 평가라는 노비문서를 수시로 들이댄다. 이러한 현상은 아이러니하게도 문사철 학과에서 더욱 심하게 발생한다. 논문 통과에 걸리는 시간이 짧게는 4~5년에서 길게는 10년까지 걸리는, 한 사람의 인생에서 가장 중요한 시기인 30대를 언제 통과될지도 모르는 논문에, 연구활동에, 교수접대에 목을 매어야 하는 현대판 노비제도가 대학가에서 횡행하고 있다.

정 교수와 시간강사의 비율 불균형도 문제점 중 하나이다. 신촌에 있는 모 대학 학과에는 단 한 명의 정 교수로 학사에서 석박사 과정까지 학과를 관리한다. 나머지 강의는 임금이 낮은 시간강사의 몫으로 넘어간다. 따라서 학사, 석사, 박사과정을 거치는 동안 한 명의 교수 아래서 세월을 보내야 하는, 이른바 학문적 종속현상이 벌어진다.

학생수를 감당하지 못하는 교수인력의 문제는 강의의 질을 하락시키는 악순환을 낳는다. 석박사 수업과정에 무려 2~30명이 넘는 학생들을 모아놓고 토론식 수업을 한다는 것은 상식적으로 불가능하다. 따라서 학생들은 입학면접 때를 제외하고는 자신의 지도교수와 대화다운 대화를 한 기억조차 없는 경우가 허다하다.

존경받는 스승이 아닌 대학의 경제적 발전을 위해서 수익원을 찾아내야 하는 급여생활자의 일상이 기업이 아닌 대학에서도 버젓이 일어나고 있다. 기업 내에서 직원들의 존경에는 관심조차 없는 실적지상주의에 함몰된 상사가 대부분이듯이, 대학 내에서도 학생과의 소통 따위는 신경 쓸 겨를조차 없는 가여운 존재가 바로 교수이다.

기업시스템의 똘마니로 활약하는 대학

대학이 살아남는 길은 의외로 간단하다. 많은 학생이 특정 대학에 지원하고, 쉴새 없이 오르는 등록금을 군말 없이 지급하고, 저렴한 인건비를 받고도 감지덕지하는 강사 비율이 높아지는, 대학운영의 삼각관계가 성사되면 그만이다. 어쩔 수 없이 학생들은 대학에서 진리와 정의의 가치를 습득하는 것이 아닌, 기업논리와 자본의 파괴력을 몸소 체험하는 4년 과정을 보내야만 한다. 이런 상황에서도 대학이라는 존재가 진정한 교육의 상징이라고 말할 수 있을까?

〈뉴욕 타임스〉에서 '지식의 저격수'이자 '가장 급진적인 사상가'로 불렸던 오스트리아 출신의 지식인 이반 일리치는 학교교육의 유해성을 비판했던 인물이다. 그는 영국 BBC 라디오 진행자였던 데이비드 케일리와의 인터뷰를 통해 '학교교육이란 개인들의 역량과는 무관하게 수익이 투자에 비례하는 자본투자의 한 형태'라고 지적했다.

이반 일리치는 학교제도는 자본투자이자 사회통제 제도로서 등급을 나누어 올라갈수록 탈락자가 점점 줄어드는 16개의 단계로 이루어지는 계층사회라고 정의한다. 그는 우리사회가 학교교육에 얽매여 있다는 점에서 그다지 달라진 게 없지만, 학교라는 기관이 무엇을 하는지 지켜보는 이들이 존재한다는 점을 강조했다.

특히 대학제도, 즉 전문대학과 종합대학의 제도가 마치 텔레비전처럼 되어버렸다는 이반 일리치의 지적은 우리에게 많은 시사점을 남긴다. 대학이란 이것도 조금, 저것도 조금, 거기다 오로지 계획을 짠 사람만이 이해할 수 있는 방식으로 묶인 모종의 필수과정만 존재하는 곳이라고 이반 일리치는 말한다.

이러한 병폐 탓에 반드시 누가 가르쳐주어야만 배우고, 가르치는 내용은 어느 것도 진지하게 받아들일 필요가 없다는 사실에 철저하게 길들여진 학생을 양산하는 장소가 대학이라고 이반 일리치는 설명한다. 그는 대학제도가 지속해서 성장하도록 사회차원에서 지원하리라는 점에 대해서는 회의적인 시각을 갖고 있다.

그는 자신의 저서 『학교 없는 사회』를 통해서 학교제도에 대한 근본적인 무해성을 말하고 있다. 이반 일리치는 이미 학교로부터 교육적 기능이 썰물처럼 빠져나가고 있다고 말한다. 예를 들면 학교란 고작 사람들에게 텔레비전으로부터 뭔가를 배우고 있다고 믿게 하거나, 강제로 연수교육에 참석하게 하거나, 어마어마한 돈을 내고 인적교류가 잘되게 준비하는 방법이라든가, 감수성을 기르는 방법, 우리에게 필요한 비타민에 대해 더 잘 아는 방법, 놀이하는 방법 따위를 배우게 한다는 것이다.

그렇다면 궁극적으로 이반 일리치가 지향하는 대학제도라는 것은 무엇일까? 그는 학교를 통해서는 보편적 교육을 실현할 수 없다고 말한다. 보편적 교육이란 현행 학교 형태 위에 세워진 어떤 대안교육으로도 실현할 수 없다는 이반 일리치의 교육무해론은 우리가 일상적으로 받아들이던 교육제도, 즉 학교제도에 대한 새로운 해석을 보여주고 있다.

그는 학생에 대한 교사의 새로운 태도, 교실이나 침실에서 사용하기 위한 교육적 하드웨어나 소프트웨어 보급 정도로는 보편적 교육을 실현할 수 없다고 주장한다. 저자는 학생들에게 새로운 교육내용을 '주입'하는 방식에 대해서 비관적인 태도를 고수한다. 이반 일리치는 '개개인이 삶의 모든 순간을 공부하고, 나누고, 도울 수 있는 교육망을 형성해야 한다.'라는 무정부적 교육방식을 주장하고 있다.

한국의 학생들은 태어나서부터 무려 20년에 가까운 시간을 학교와 학원수업에 사지가 결박된 채로 보내야 한다. 그것만으로도 부족하다. 학교랑 학원에도 등급이 매겨져 있다. 돈이 많은 부모나 조부모를 둔 학생들은 한 과목에 수백만 원을 호가하는 족집게 개인과외를 마음껏 받을 수 있다.

학생들은 대학에 입학하기 이전부터 돈이 성적을 좌우하며, 돈이 많고 적음에 따라서 대학간판이 달라진다는 사실을 학습한다. 그들은 이미 철저하게 돈의 노예, 자본의 노예, 탈진사회의 노예가 된 상태에서 자유와 지성의 장이라 불리는 대학에 입학한다.

한국사회의 학생들은 탈진사회의 희생양이다. 그들이 탈진상태로 대학에 들어가는 순간, 또 하나의 새로운 좌절의 벽이 기다리고 있다. 그것은 취업이라고 하는 두 얼굴을 가진 괴물이다. 취업의 높은 벽에서 좌절하는 대학생은 곧 비정규직이라는 또 하나의 탈진사회와 마주친다.

우리 스스로 대학이라는 탈진사회에 종신형을 내리는 순간, 대학은 아래로부터의 발전기회를 잡을 수 있다. 오로지 학생들을 유치하고 등록금을 빨아들이는 물먹는 하마의 형상으로 대학이 존재하는 한, 대학 또한 수익이 최고라고 외치는 똘마니로서의 기업시스템 역할만을 수행할 뿐이다. 학문을 배우는 곳이 아닌, 자본 앞에서 항문을 벌리는 장소로 대학이 존재하는 한, 한국대학의 미래는 없다.

사랑하기 위해서는 먼저 꿈꿔야 한다. 꿈꾸지 않는 것을 사랑할 수는 없다. 결국, 우리 삶의 주역은 우리 자신이다. 과거에 우리는 삶의 주체가 되려고 애썼다. 그런데 물질적 안락을 추구하면서 온갖 편의기구와 친숙해졌고, 이런 편의기구들은 즉각적인 만족만을 안겨주는 물질의 신화로 전락했다. 그렇게 얻은 물질은 아무런 가치가 없다. _페데리코 마요르 사라고사

12

탈진을 부추기는 사회

성형중독에 빠진 연예인. 과로사로 생을 마감한 우체부. 연일 이어지는 업무상 접대술로 인해 육신이 만신창이가 된 직장인. 성적 경쟁을 못 이겨 자살을 시도하는 수험생. 88만 원 인생으로 삶을 마감해야 하는 청춘들. 실적이 곧 인격이라고 회사로부터 압박을 받는 판매직 사원. 오로지 스펙쌓기가 최고의 가치라고 여기는 대학생. 거듭되는 상사의 폭언과 인격모독에 시달리는 신입사원.

여기 소개한 영혼들은 우리 사회에서 아주 쉽게 만날 수 있는 존재들이다. 아니, 비록 지금은 아니지만 이 중 하나는 우리 미래의 모습일 수 있다. 피하려 해도 피해 갈 수 없다. 왜냐하면, 우리는 이미 탈진사회라는 거대한 감옥 속에 구금당했기 때문이다.

결과지상주의에 함몰된 사회 속에서 우리는 탈진한 이유를 설명할 수 있는 능력을 상실한 지 오래다. 볼 수도, 들을 수도 없는 사회에서 우리는 서서히 탈진이라는 늪으로 끌려 들어간다. 정신없이 살아온 인생을 반추해볼 즈음, 사회는 우리에게 차가운 이별을 고한다. 사오정, 오륙도 인생을 말하는 거다. 그제야 우리는 깨닫는다. 사회는 우리에게 오로지 탈진만을 원했다는 진실을 말이다.

작가 박민규의 중편소설 『누런 강, 배 한 척』에서는 사회의 중심에서 변두리로 밀려나는 중년의 주인공을 다음과 같이 묘사하고 있다.

"견디기 힘든 것은 고통이나 불편함이 아니다. 자식에게서 받는 소외감이나 배신감도 아니다. 이제 인생에 대해 아무것도 궁금하지 않은데, 이런 하루하루를 보내며 삼십 년을 살아야 한다는 것이다. 소소하고 뻔한, 괴롭고 슬픈 하루하루를 똑같은 속도로 더디게 견뎌야 하는 것이다. (중략) 그리고 어디로 가는 것일까?"

박민규는 원치 않은 퇴직을 당해버린 남자주인공의 상황을 독백의 형식을 빌어서 보여주고 있다. 소설의 주인공은 인간이란 천국에 들어서기엔 너무 민망하고 지옥에 떨어지기엔 억울한 존재라고 말한다. 누구든지 마음 놓고 쉴 만한 곳이 없는 탈진사회의 이면을 설명한 것이다.

일본의 두 배, 북유럽 국가의 세 배가 넘는 자영업자의 무덤. 빈익빈 부익부로 치닫는 경쟁제일주의 사회. 무한 소비만을 부추기는 기업광고물들. 오로지 까라면 까야 하는 군대식 문화. 미디어의 쓰나미 속에서 침몰해 가는 인간관계. 100세 시대의 허울 속에 숨어 있는 노인문화의 부재, 인문학 교육이 사라져 버린 학교. 언제나 사람보다 돈이 우선시되는 신자유주의 시스템.

탈진사회의 민낯

이 모든 상처들이 바로 탈진사회의 민낯이다. 사회 속에 첫발자국을 남기는 순간부터 우리는 탈진사회의 포로가 될 수밖에 없다. 우리는 탈진사회의 정체를 분명히 알아야만 한다. 아는 것이 힘이 아니라 아는 것만이 탈진사회로부터 자유로워지는 유일한 방법이다.

그렇다면 탈진이란 도대체 무엇인가? 그리고 탈진과 관련된 증상은 어떤 것들이 존재하는지 알아보자.

탈진의 사전적 의미는 '기운이 다 빠져 없어짐'이다. 여기에서 말하는 '기운의 빠져나감'이 물리적으로 어떤 증상을 의미하는 것일까? 간호학대사전에 의하면 탈진이란 '흥분이 반복된 결과, 휴식 없이는 흥분을 계속할 수 없는 상태'라고 정의하고 있다.

여기서 한 단계 더 나아가 탈진증후군이라는 용어가 존재한다. 두산백과에 의하면 탈진증후군이란 한 가지 일에 지나치게 몰두하다가 어느 순간 자신이 하던 일에 대해 회의를 느끼고 무기력감에 빠져 더는 일을 할 수 없게 되는 상태라고 설명한다. 탈진증후군은 미국의 정신분석 의사인

H. 프뤼덴버그가 처음으로 사용한 심리학 용어다. 그는 이 증후군을 자신이 치료하던 한 간호사에게서 찾아냈다.

탈진증후군이란 연소증후군이라고도 불린다. 어떤 일에 지나치게 집중하다가 특정 시점에 갑자기 모두 불타버린 연료와 같이 무기력해지면서 업무에 적응하지 못하는 증상에서 따온 용어다. 이 증상은 자신의 이상만큼 일이 실현되지 않을 때나 육체적·정신적 피로가 쌓였을 때 나타난다. 탈진증후군은 대체로 이상이 높고 자기 일에 열정을 쏟아붓는 적극적인 성격의 사람이나 지나치게 적응력이 강한 사람에게서 주로 발견된다.

결국, 탈진증후군이란 현대사회에서 벌어지는 일종의 사회현상으로 분류할 수 있다. 육체와 정신의 이분법적 구분이 아닌, 두 가지 요소가 복합적으로 작용하는 사회병이다.

탈진사회의 시작은 영국발 산업혁명에서 기원을 찾을 수 있다. 산업혁명이 발발했던 18세기 중엽은 농업 중심의 사회였다. 여기에 기술이라는 요소가 더해져 대량 생산이 가능해진 공업사회가 되었다.

산업혁명의 불꽃은 영국에서 그치지 않는다. 산업혁명의 붉은 그림자는 인근 유럽을 중심으로 러시아, 미국, 동남아시아, 아프리카, 라틴 아메리카로 황사처럼 번져 나갔다. 문제는 산업혁명이 인류의 행복지수를 높이는 데 어떤 역할을 했느냐다.

올리버 트위스트는 용감했다

근대 영국을 대표하는 작가 찰스 디킨스는 소설 『올리버 트위스트』를 통해서 탈진사회의 단면을 묘사하고 있다. 작품 『올리버 트위스트』는 산업혁명의 불길이 절정을 향해 달리던 1838년에 탄생했다. '고아원 아이의 여행(The Parish Boy's Progress)'이라는 부제가 달린 이 소설은 19세기 영국 산업혁명을 배경으로 올리버 트위스트(Oliver Twist)라는 고아 소년의 파란 많은 인생역정을 이야기하고 있다. 다음은 소설 『올리버 트위스트』의 간략한 줄거리다.

빈민구제소에서 태어난 올리버는 그를 낳고 숨을 거두는 어머니와 생면부지의 아버지를 둔 고아소년이다. 올리버는 자신의 의지와 관계없이 빈민구제소 인근 고아원으로 보내져 추위와 굶주림에 시달린다. 고아원 소년, 장의사의 도제, 소매치기, 도둑, 재산상속자라는 주인공의 인생역정의 뿌리를 작가 찰스 디킨스는 당시 영국 산업사회에서 찾고 있다. 디킨스는 태어나면서부터 계급이 결정되는 영국사회에 대한 신랄한 비판과 함께 산업혁명의 부작용을 지적하고 있다.

소설 『올리버 트위스트』는 1834년 영국에서 시행한 신빈민구제법에 대한 문제점을 들춰낸다. 신빈민구제법(New Poor Law)의 가장 큰 특징은 노동능력이 있는 자에게 노동을 강제했다는 것이다.

여기에서 재고해봐야 하는 사실은 노동능력에 대한 기준이다. 노동능력이란 정신과 육체의 성숙도에 따라서 노동이 가능한 연령을 결정하는 일종의 도구다. 당시는 오로지 육체능력 하나만으로 노동의 가부 여부를 따졌다. 따라서 미성년자를 노동에 투입하고, 그것도 부족하여 이들을 전쟁터로 내모는 일이 빈번했다. 결국, 신빈민구제법은 1948년 국민부조법이 발효되면서 자연스럽게 사라진다.

디킨스는 빈민가에 살면서 구두약 공장에 다니며 일했던 자신의 경험을 바탕으로 영국 산업사회의 어두운 이면을 소설을 통해 구현한다. 19세기 초반부터 불붙기 시작한 산업혁명은 살인적인 노동시간과 이에 따른 육체적, 정신적 고통을 감내해야 했던 공장 노동자들을 자동판매기처럼 배출한다.

올리버는 영국의 암울한 현실 속에서도 따뜻한 마음을 지니고 역경을 극복해나가는 인물이다. 소설의 희망적인 결말과는 달리, 영국 노동자는 피폐한 삶을 자신의 운명으로 여겨야 했다. 『올리버 트위스트』 사례와 흡사한 노동자의 역사를 돌이켜 보면 세계 산업의 역사를 알 수 있다. 우리는 영국을 포함한 세계 산업사회의 변천사를 통해서 노동자들에게 끊임없이 탈진을 요구하는 사회구조를 들여다볼 수 있다.

중세 초기에는 판매를 위해서가 아니라 생활을 위해서 가족 구성원을 중심으로 재화를 생산했다. 이후 유럽은 길드제도를 도입한다. 길드란 노동자 한두 명 정도를 고용하는 독립적인 장인들이 작고 안정된 외부시장에 재화를 공급하기 위해 생산을 독려하는 제도였다. 공장제도는 시장의 팽창과 맥을 같이 한다. 수요의 변동폭이 큰 소비시장을 위해서 노동자는 사용자의 건물 내에서 엄격한 감독을 받으며 생산행위를 반복해야 한다.

결국, 노동자는 자립능력을 상실함과 동시에 일한 만큼의 재화나 생산도구를 제대로 소유하지 못했다.

그 후 정부에서는 공업육성을 위해서 보조금과 높은 관세를 국민에게 부담시킨다. 게다가 외국의 숙련된 노동자들을 국내에 정착시키기 위해서 가능한 모든 수단을 동원한다. 면세, 주택제공, 자본 대출 등은 당시 외국 기술자들을 끌어들이기 위한 편법수단이었다.

참 나쁜 산업사회

문제는 산업사회의 반열에 속한 국가들의 무한 욕망이었다. 이들은 재화를 생산하고 사용하는 무대를 자국으로 제한해서는 양이 차지 않았다. 게다가 공장식 대량생산시스템으로 돌아가는 유럽발 경제위기가 불쑥 찾아온 것이다. 스페인과 네덜란드 그리고 영국과 프랑스 등 유럽의 강대국들은 총칼을 앞세워 식민지 개척에 열을 올린다.

예를 들어 아일랜드는 과거 영국의 식민지였다. 그런데 아일랜드인들이 자국의 양털로 모직물을 만들자 영국에서는 아일랜드의 모직물 공업을 제한하는 법률을 만든다. 영국의 지배 아래에 있던 아일랜드는 영국에만 양털을 수출한다. 영국은 수입한 아일랜드의 양털 중 남은 것을 더욱 높은 가격에 외국에 수출하는 과정을 반복한다. 이를 네 글자로 중상주의라고 한다.

이제 소설 『올리버 트위스트』보다 먼저 탄생했던 경제학자 애덤 스미스의 저서 『국부론』을 언급할 차례다. 3R 정책. 즉, 제한(Restriction), 규제(Regulation), 금지(Restraint)로 점철되는 중상주의의 부작용에 대한 애덤 스미스의 지적은 식민지 무역이라는 달콤한 향기에 취해 있던 유럽 강대국들에 경종을 울리는 사건이었다.

애덤 스미스는 1776년도에 노동자가 숙련될 때까지 한 가지 작업을 계속한다는 의미로 분업이라는 용어를 사용했다. 자유무역의 신봉자였던 애덤 스미스는 분업이 시장의 크기에 따라 결정된다고 주장했다.

애덤 스미스 이론을 따르면 생산성 증대는 분업을 통해서 일어나며 이러한 분업은 시장의 크기에 따라서 제한된다. 시장이 확대될수록 분업은 점점 더 고도화하고 이에 따른 생산성 증대가 일어난다는 이론이다.

여기에 커다란 함정이 숨어 있다. 국가에서 통제할 수 있는 모든 제도를 완전히 폐지하고 시장에 권한을 위임한다면 자유경쟁이 일어날 것이라는 그의 주장은 거대기업의 생리를 전혀 모르는 이론이었다. 모든 사람은 정의와 법률을 위반하지 않는 한도 내에서 자신의 이익을 추구할 것이라는, 일종의 성선설에 입각한 애덤 스미스의 이론은 순진한 경제학자의 발상이었다는데 한 표를 던진다.

배반의 경제

산업혁명 이후 유럽과 미국은 자본주의의 격랑 속에 휩싸인다. 자본주의가 무엇인가? 자본과 인간과의 전투에서 자본에 손을 들어준 경제시스템이 자본주의의 실체다. 이러한 시스템을 완성하는데 일조한 존재가 바로 기업이라는 사실을 인지해야 한다.

자본주의는 귀족과 평민으로 이원화된 계급시스템을 유럽사회에서 무력화시키는데 일조한다. 물론 현재까지도 귀족 출신을 우대하는 영국 같은 계급국가가 존재하지만, 이들 또한 자본의 유혹에서 자유롭지 못하다. 자본의 많고 적음에 따라서 계급의 고하가 결정되는 광장이 현대사회, 즉 자본주의 사회다.

무한이익을 추구하는 자본의 집합체인 기업은 그들의 영향권 내에 있는 노동자에게 무한 탈진을 요구한다. 이러한 이율배반적 경제시스템은 노동자의 고통과 희생을 강요할 수밖에 없으며, 마르크스는 이러한 노동 현실을 질타했던 인물이다.

자본주의 시대가 본격적으로 막을 올리기 이전에 자본은 주로 상업을 통해서 축적이라는 기능을 장착한다. 여기서 말하는 자본이란 돈으로 한정하지 않는다는 부분에 유의해야 한다.

오늘날 기업이라고 일컫는 산업자본가는 현금의 소유보다는 거액에 달하는 자본을 소유하는 데 집중한다. 근대적 의미의 자본이란 자본가가 소유한 건물, 토지, 기계, 공장, 원자재를 통칭한다. 자본가는 생산수단을 소유한 자를 의미하기도 한다. 즉 자본가가 소유한 자본이란 그가 노동력을 구매함으로써 무한 가치증식을 가능케 하는 동력이다.

　사람들은 돈을 벌기 위해 나이가 들면 회사에 취직하는 과정을 당연하게 받아들인다. 이를 조금 달리 생각해 보자. 역설적으로 노동자에게 필요한 자본을 목표치만큼 확보한 경우 사람들은 더는 다른 누군가를 위해서 일하려 들지 않는다. 아니 일할 필요 자체가 없다.

　노동자의 사전적 의미는 '노동을 제공하고 얻은 임금으로 생활을 유지하는 사람'이다. 노동자는 노무자라는 의미로도 해석할 수 있다. 노무자란 육체노동을 제공한 대가로 받은 임금으로 살아가는 사람이다. '탈진사회'에서 말하는 노동자란 노무자를 포함한 광의의 노동자를 의미한다.

찰리가 하고자 한 말

　　　　　찰리 채플린이 열연한 영화 〈모던 타임즈〉에서는 산업사회를 살아가는 육체 노동자의 고달픈 현실을 고발한다. 컨베이어 벨트 공장에서 일하는 찰리는 나사못을 조이는 일을 반복한다. 일중독에 빠진 찰리는 눈에 보이는 모든 것을 조여 버리는 강박증에 빠진다. 급기야 정신병원까지 가게 된 불쌍한 찰리. 병원에서 퇴원한 그는 일자리가 없어 거리를 방황하다가 시위 군중에 휩싸여 감옥에 끌려간다.

우리는 지주 아래에서 노동력을 제공하던 봉건제 사회부터 공장노동자를 양산했던 자본주의까지의 역사를 간략하게 살펴보았다. 그렇다면 대량생산이 시작되었던 19세기 영국 노동자의 현실은 어떠했을까?

미국의 진보 지식인 리오 휴버먼은 영국 맨체스터 부근에서 일했던 공장의 방적공들의 노동현실을 예로 설명한다. 당시 방적공들은 물 마시러 가는 것조차 금지당한 채 섭씨 27~29도의 고온에서 하루 14시간 동안 노동에 전념했다. 공장주는 다음과 같은 벌금제도를 근로조건에 포함했다.

벌금제도 안내문

- 창문을 열어 놓았다가 적발된 방적공 : 1실링
- 자기 제품에서 더러운 것이 적발된 방적공 : 1실링
- 몸을 씻다가 적발된 방적공 : 1실링
- 가스등을 켜고 기계를 수리하는 방적공 : 2실링
- 아침 늦게까지 가스등을 켜고 실을 짓는 방적공 : 2실링
- 휘파람을 분 방적공 : 1실링

마치 공상과학 영화에서나 나옴 직한 이야기들이 19세기 초반 영국의 공장에서 버젓이 일어나고 있었다. 이쯤 되면 탈진사회가 아니라 노동지옥이나 다름없다.

자본가들은 무한가치를 창출하기 위해서 노동자의 현실에 관심을

둘 겨를이 없었다. 자본가들은 노동자에게 제공해야 하는 최소한의 임금지급만을 원했다. 당시 영국의 젊은 성인남성보다는 여성이나 어린이들의 임금이 상대적으로 저렴했다. 이에 따른 영국 성인남성의 높은 실업률은 산업화시대가 탄생한 지 수십 년 후까지도 심각한 사회문제로 남아 있었다.

하루 14~16시간에 달하는 노동자의 살인적인 노동환경과 미성년자의 노동력 착취 현실은 일부 양심적인 자본가와 의식 있는 지식인 그리고 정치인들의 노력으로 조금씩 변화의 기미를 보인다. 하지만, 자본을 소유할 능력 자체가 거세된 대다수 노동자는 자신을 노동현장에 투입하는 일 외에는 아무것도 할 수 없었다. 심지어 자신들의 노동환경을 개선하겠다는 의지를 관철하는 일조차도 말이다.

여기에서 자유시장의 긍정성을 역설한 애덤 스미스의 오류를 발견할 수 있다. 당시 영국사회는 지주에서 자본가로의 계급이동만이 있었을 뿐, 노동을 제공하는 이들의 입지는 여전히 열악했다.

미국과 영국에서 시행하고 있는 의회 민주주의는 마치 그들의 역사 자체가 탄생 시점부터 민주주의를 신봉했다는 착시현상에 빠지기 쉽게 미화되어 왔다. 노동착취와 불평등 역사의 그늘은 미국과 영국사회에서 엄연히 존재했다.

영미 노동자들은 자신의 목숨을 담보로 한 채, 1838년부터 10년간 차티스트 운동(노동자의 정치적 권리를 주장하는 인민헌장운동을 의미)을 펼친다. 노동자들의 근로조건 개선, 임금 인상, 노동시간 단축을 가능하게 한 가장 중요한 조직을 꼽으라면 노동자의 이익을 대변하기 위해서 존재하는 노동조합이었다. 이처럼 노동자들의 이권을 위한 단체는 길드에서 노동조합으로 변화한다.

탈진사회의 역사는 산업개발의 역사이자 일하는 자의 역사이다. 자본가와 노동자, 지주와 노예계약을 맺은 이들의 관계는 탈진이라는 노동에너지를 담보로 한다. 존재하는 것만이 진실은 아니다. 존재 이전의 현실, 그들이 애써 감추려 하는 역사적 현실을 정확히 보는 시선이 우리에게 주어질 때, 우리는 탈진을 부추기는 사회의 심장부로 한 걸음 더 다가갈 수 있다.

우리는 모두 서로 돕기를 원한다. 인간존재란 그런 것이다.
우리는 서로의 불행이 아니라, 서로의 행복에 의해 살아가기를 원한다.
_찰리 채플린

'평범한 사람'이란 학벌이나 재산, 혹은 사회적 지식 따위가 특별하지 않은 사람이 아니라, '주체적인 가치관을 갖지 못한 사람'이다. 지배자들은 그들이 주체적인 가치관을 갖지 못하게 하는 것만으로 그들을 완전하게 지배한다. 평범한 사람들은 늘 입버릇처럼 이렇게 말한다. "어차피 자본주의 사회인데….", "세상이란 게 그런 거지."라고. 물론 그런 생각은 지배자들이 그들에게 오랫동안 심어준 것이다. 평범한 사람들은 자본주의 사회가 뭔지, 세상이란 게 뭔지, 영원히 알지 못한다. _김규항

공공의 적, 미디어

경기도 안양에 거주하는 A군은 30대 후반의 노총각이다. 고향은 경남 마산. 직장은 서울 마포의 중견 건설회사다. 평일 A군이 보내는 하루는 다음과 같다.

06:30 기상 (동시에 텔레비전 전원 스위치 누름)

07:00 화장실 (일 보면서 스마트폰으로 주요 사회뉴스 검색)

07:30 출근 준비 (텔레비전 뉴스 청취와 함께 아침식사)

07:40 마포방향 지하철 탑승 (전동칸에서 스마트폰으로 연예뉴스 검색)

08:40 사무실 출근 (먼저 출근한 직원 중 절반은 스마트폰 검색 중)

09:00 업무시작 (인터넷으로 국제뉴스 검색)

12:00 근무 (틈틈이 스마트폰으로 카톡)

13:00 점심시간 (식당 벽에 걸려 있는 텔레비전 시청)

15:00 관련 업체 출장 (대중교통으로 이동 중 스마트폰으로 오락게임)

19:00 다시 사무실 근무 (중간마다 카톡질)

20:00 집으로 이동 (지하철에서 스마트폰으로 넥센 프로야구 관람)

21:00 귀가 후 (텔레비전 저녁 뉴스 시청)

22:00 소파에 누워 휴식 (텔레비전 방송은 켜 놓은 채로)

22:30 친구들과 문자 메시지 (스팸 문자 확인 포함)

~23:00 취침

직장인 A군의 하루는 소개하는 바와 같다. 평일 하루의 대부분을 스마트폰, 컴퓨터, 텔레비전 등의 미디어 기기와 함께 보내는 A군. 보다시피 A군은 각종 미디어매체에 완벽하게 포박당한 채로 하루를 보내고 있다.

문제는 A군이 처한 미디어 노출지수가 대한민국 표준치에 가깝다는 사실이다. A군의 일상을 읽으면서 가슴 한구석이 뜨끔해지는 독자들이 적지 않을 것이다. A군의 하루는 현대인의 삶에서 특별한 일상이 아니라는 점에서 대다수가 고개를 끄덕일 것이다. 굳이 스마트폰이 아니더라도 미디어는 이미 1960년대 이후 인류의 삶 속에 단단하게 자리 잡은 지 오래다.

그렇다면 현대인의 24시간을 지배하는 미디어의 정체는 무엇일까? 미디어는 어떤 속성을 가졌기에 인간의 삶을 지배하는 대마왕이 된 것일까? 미디어는 삶에 있어서 물과 공기와 같은 존재일까?

'미디어의 이해'를 읽는 시간

캐나다 출신의 사회학자 마셜 매클루언은 자신의 저서 『미디어의 이해』를 통해서 미디어매체의 속성을 파헤친다. 『미디어의 이해』는 1960년대에 등장한 출판물이라고 보기에는 놀라울 정도로 깊은 통찰력이 돋보이는 문장들로 가득하다. 지금으로부터 50년 전, 마셜 매클루언은 미디어의 정체는 한마디로 인간에 버금가는 생명체라는 주장을 펼치면서 주목을 받는다. 그는 미디어의 특성을 크게 7가지로 정의한다.

첫 번째로 미디어는 인간의 확장이다

마셜 매클루언은 미디어를 구성하는 모든 기술들이 힘과 속도를 높이기 위해서 우리의 신체와 신경조직을 확장한 구조를 가진다고 말했다. 그는 의류는 피부의 확장이며, 자전거는 다리의 확장이라고 정의한다. 인간의 본능적 욕구에서 비롯된 미디어는 인류의 수요를 대체할 상징물이자 매체로서 기능을 무한확장한다고 마셜 매클루언은 강조한다.

두 번째로 미디어는 중앙집권화를 거부한다

'중앙집권화의 거부'라는 말은 마치 무정부주의적인 어감을 가진다. 미디어는 탈중앙집권화를 통해서 생명체의 기능을 발휘한다. SNS를 예를 들어보자. 현대인은 SNS를 통해서 미디어의 일방향적 수혜자가 아닌 쌍방향적 주체로서 자신의 의견을 자유롭게 표출한다. 블로그, 페이스북, 싸이월드, 카카오톡 등의 매체는 모두가 댓글이나 답문 메시지를 통해 서로의 의견을 주고받을 수 있는 쌍방향 매체다.

1990년대 초반 유럽을 전쟁의 소용돌이로 내몰았던 파시즘의 광기는 국민을 세뇌하기 위해 라디오, 다큐멘터리, 공공방송 등을 통해 단방향적인 영향력을 발휘했다. 당시의 국민들은 파시즘에 경도된 정부에서 주도하는 정보를 무방비로 흡수해야 했다. 이러한 미디어의 폐해는 파시즘뿐만 아니라 제국주의를 추구하는 강대국들의 선전도구로 활용되었다.

전시나 비상사태 발생 시, 방송국을 포함한 보도매체를 통제하려는 권력자의 속내는 무엇일까? 여기에는 국민의 여론을 선점하겠다는 정치적 의도가 존재하는 동시에 정보를 사유화하려는 계략이 숨어 있다. 미디어 수용자 측면에서는 그러한 미디어의 중앙집권화를 거부할 수 있는 자유와 권리가 존재한다. 미디어를 통한 집권층의 대중계몽과 선전욕구는 한때 중앙집권화 현상을 보이지만 시간의 흐름에 따라 탈중앙집권화 형태로 유턴한다.

세 번째로 미디어는 감각을 마비시키는 기능을 한다

마셜 매클루언은 자신의 저서 『미디어의 이해』를 출간했던 1964년을 '불안의 시대'라고 말한다. 이는 1900년대 중반까지 횡행했던 미디어의 폐해, 즉 두 번째 항목에서 언급되었던 국민의 참여를 일방적으로 강요하는 미디어의 특성을 비판한 대목이다.

저자는 미디어시대에서는 인간의 모든 감각이 무뎌질 수밖에 없음을 지적한다. 인간을 추종하는 것이 아닌, 인간을 종속시키려고 하는 미디어의 전체주의적 특성을 꼬집고 있다.

미디어는 인간 감각의 확장을 항상 시도함으로 인해 그 속도를 따라잡지 못하는 이들에게 늘 불안한 정서를 전파한다고 마셜 매클루언은 역설한다. 결국, 인간은 미디어의 파괴력으로부터 자신들을 보호하기 위해 부지불식간에 자신을 무감각한 인간으로 정형화한다는 것이다.

네 번째로 미디어를 정보번역자로 보는 부분이다

미디어의 시대는 인간을 단방향적인 존재로 놓아두지 않는다. 미디어는 인간을 정보에 의한 분류체계 중 하나로 흡수하고 있다는 점을 저자는 강조한다. 마셜 매클루언은 이미 1960년대부터 컴퓨터 시스템에 의해 인간이 정보매체로 구분되고 활용된다는 것을 예견한 바 있다.

간단한 예로 인간은 학교나 직장에서 성적이나 근무평점에 의해 서열화되고 이러한 계량 정보가 인간을 평가하는 잣대로 사용된다. 인간은 스스로 인지하지 못하는 사이, 미디어에 의해 분류와 조작이 반복된다는 것이다. 더 나아가서 인간의 경험마저도 미디어에 의해 통제될 수 있다는 마셜 매클루언의 선험적 발언은 21세기 정보시대에도 통용 가능한 이론이다.

다섯 번째로 메시지로서 '미디어'의 역할이다

'미디어는 메시지다.'라는 저자의 발언은 신문방송학을 전공했던 이들에게 일종의 묵언과도 같은 가치를 지닌다. '미디어는 메시지다.'라는 마셜 매클루언의 선언은 미디어의 이중적 특성, 즉 미디어의 내용도 중요하지만, 정보전달자로서 미디어의 역할이 시대를 규정한다는 의미다.

미디어는 음성에 의해 전달될 경우와 문자에 의해서 전달될 경우, 서로 다른 파급효과를 낸다. 또한, 정보의 전달 기능과 동시에 사건을 전달하는 기능이 있다고 마셜 매클루언은 설명한다. 이는 미디어가 단순히 정보전달자로서 기능뿐 아니라 이슈 메이커로서 사회적 파급효과를 가진다는 미디어의 점층적인 파괴력을 설명하는 부분이다.

여섯 번째로 미디어가 사람을 만든다는 이론이다

미디어는 인류의 필요성에 의해 탄생한 정보매체라고 인식하는 방식은 인간을 중심으로 한 해석이다. 하지만, 마셜 매클루언은 미디어의 탄생까지는 인간의 의지가 역할을 하지만, 이후 미디어의 시대에서는 반대로 미디어가 인류의 사랑을 통제하고 사고체계를 변형한다고 말한다.

예로 '사람은 책을 만들고, 책은 사람을 만든다.'라는 격언이 있다. 이는 인간이 필요 때문에 도구를 만들었지만, 이후에는 도구가 사람에게 영향력을 미친다는 쌍방향적 논리를 내포한다는 말이다. 따라서 미디어는 인간의 사고에 결정적인 영향을 미치는 존재로서 그 역할이 확장된다.

마지막으로 미디어로 인한 가속화와 붕괴현상이다

마셜 매클루언은 미디어의 현재뿐만 아니라 미디어의 미래에 대해서도 수많은 담론을 만들어냈다. 그는 미디어가 현존하는 사회형태에 미치는 충격의 주요 요인으로 가속화와 붕괴라는 카드를 꺼내 들었다.

과거에는 정보매체의 이동이 느리게 진행되었기 때문에 이에 대한 반응이 더디게 진행되어도 문제가 되지 않았다. 하지만, 현재는 어떤 행위와 이와 관련된 반응이 거의 동시에 발생한다. 마셜 매클루언이 말했던 감각의 확장으로 인해 정보전달과 정보에 대한 쌍방향적 반응이 빨라지고 있기에 정보의 가속화 현상이 강화되고 있다. 정보의 가속화는 결국 인간 스스로 만들어낸 미디어 때문에 종국에는 인간의 정신적 붕괴현상으로 치달을 수 있다는 미디어의 위악에 대해서 저자는 말하고 있다.

지금까지 무려 650페이지에 달하는 마셜 매클루언의 『미디어의 이해』를 속성으로 정리해 보았다. 그가 예견했던 미디어의 미래는 스마트폰 만능시대로 접어든 21세기의 묵시록으로 보아도 무리가 없을 정도로 우리에게 섬뜩함을 안겨주고 있다. 마셜 매클루언의 예견대로 정보의 양이나 유통속도는 엄청나게 빨라졌으며, 정보가 폐기되고 사라지는 기간 역시 그만큼 빠른 속도로 진행되는 스피드 시대가 도래했다.

호환 마마보다 무서운 괴물

당신은 행복한가? 당신의 행복은 미디어매체의 영향을 전제로 한 것인가? 당신이 스마트폰에 원하는 단어를 입력하고 검색하는 순간, 실시간으로 엄청난 정보들이 쏟아져 나온다. 이런 정보들이 당신의 삶을 윤택하고 평안하게 만들어 준다고 믿는가? 당신의 사고는 미디어의 홍수 속에서 점점 더 깊어지고 넓어지고 있는가? 미디어매체로 인해 당신은 과거보다 더 인간적이 되었다고 자신할 수 있는가?

세계에서 스마트폰을 가장 많이 만드는 국가, 4세대 이동통신 기술인 LTE와 LTE-A를 세계 최초로 상용화한 나라, 스마트폰 보급률 1위, 인터넷 접속비율 1위가 바로 미디어 강국으로 자리 잡은 한국의 현주소다.

반면 한국의 행복지수를 살펴보자. 2012년도 OECD 국가 중에서 한국의 행복지수(Better Life Index) 분석 결과, 한국은 10점 만점에 겨우 5.35점을 받았다. 이는 전체 36개 국가 중 27위에 해당하는 순위로 2011년도 26위에서 오히려 한 계단 더 아래로 하강한 형편이다. 첨단 정보화사회라고 자위하는 한국의 미디어 보급순위는 1위다. 하지만, 한국의 행복지수는 OECD 국가 중 하위권을 벗어나지 못하는 처지다. 미디어 전파의 파괴력은 결국 인간의 행복과는 크게 연관이 없음을 보여주는 사례다.

그렇다면 왜 미디어는 우리의 삶을 아름답고 행복하게 해주지 못하는 것일까? 이 문제를 미디어가 생산하는 정보의 양이 아닌, 정보의 질에서 찾고자 한다. 우선 미디어를 생성하는 주체에 대해서 알아보자. 인터넷 포털사이트가 우리에게 제공하는 사건들은 '행복'과는 전혀 거리가 멀다. 다음은 2014년 2월 2일 자 모 포털사이트 사회 영역 검색어 순위다.

- 법원, 조강지처 '배신' 의사에 '부인에게 9억 7천만 원 줘라.' 판결 … (1)
- 한국서 '실종'된 일본 내각부 직원, 표류 보트에서 '의문사' … (2)

- '어머니 폭행 뒤 방화' 10대 구속 - 어머니 결국 숨져 … (3)

- 600억 원대 '허위' 세금계산서 발행 30대 '벌금' 폭탄 … (4)

- 입영 기피자, 3일만 넘어도 '징역형' … (5)

대충 읽어 보아도 마음이 가벼워질 만한 뉴스 내용은 찾기 힘들다. 1번 항목의 주제어는 배신, 2번 항목은 실종 및 의문사, 3번 항목은 폭행, 방화, 죽음, 4번 항목은 허위, 벌금이며 마지막으로 5번 항목에서는 징역형이라는, 하나같이 어둡고 부정적인 용어가 등장한다.

정리해 보자. 우리가 추구하는 미래가 배신, 실종, 의문사, 폭행, 방화, 죽음, 사기, 벌금, 징역이라고 말하고 싶은 사람이 과연 몇이나 존재할까? 왜 우리가 매일 접하는 미디어매체에서는 위에 언급된, 인간의 행복과는 전혀 거리가 먼 용어들을 대표 검색어로 선별하는 것일까?

가치보다 자극에 반응하는 사람들

주말 텔레비전에서는 막장드라마가 한창이다. 막장드라마에 심취한 이들은 하나같이 말한다. '비록 내용은 저속하지만, 재미있다.'라고. 그렇다면 이런 드라마를 제작하기 위해서 잘 나가는 드라마 작가를 고용하고, 유명배우를 섭외하기 위해 비싼 출연료를 지급해야만 하는 방송국은 단순히 시청자들의 '재미'를 위해서 존재하는 곳일까?

정답은 아쉽지만 '그렇다.'다. 시청자들은 가치보다는 자극에 반응하기 마련이다. 그렇다면 미디어에서 다루는 소재가 막장드라마로 위치이동을 한 이유가 무엇일까? 정답은 시청자들에게서 찾을 수 있다.

시청자들은 늘 자극에 목말라 한다. 아니, 그들은 이미 다양한 형태의 자극에 상당한 내성이 쌓여 있는 상태다. 약물에 중독된 자가 더욱 자극적인 약물에 매력을 느끼듯이, 시청자들 또한 미디어에서 제공하는 강한 자극을 부지불식간에 원한다.

음식이라고 다를까? 음식 역시 마찬가지다. 우리는 외식을 하기 위해서 집 근처에 있는 음식점을 방문한다. 그리고 한 끼에 만 원에 가까운 음식값을 아무런 고민 없이 지급한다. 그렇다면 우리는 어떤 이유에서 외식을 선호하는 것일까? 집 음식과 음식점 음식의 차이는 미디어의 사례처럼 자극에 있다. 우리는 어리석게도 집에서 만드는 건강식을 팽개치고 삼삼오오 거리로 뛰쳐나가 엄청난 화학조미료와 소금이 듬뿍 들어간 자극성 음식을 섭취해야만 만족을 느낀다. 불행하게도 인간의 감성뿐 아니라 미각 또한 자극을 갈구한다.

이번에는 당신이 인터넷 포털사이트 제작자의 입장이 되어 보자. 포털사이트의 생명력은 독자들의 클릭수에 달려 있다. 그대는 얼마나 많은 사람이 포털사이트를 찾고 있으며, 어떤 정보를 찾아서 개미처럼 몰려드는지를 사전에 감지해야 한다. 포털사이트 운영자는 영악하게도 독자를 볼모로 핑곗거리를 찾아낸다. 자신들은 아무 잘못이 없다고 변명한다. 단지 독자들이 원하는 기삿거리가 앞에 언급한 내용들, 즉 배신, 실종, 의문사, 폭행, 방화, 죽음, 허위, 벌금과 징역형이란 이슈라고 항변하는 것이다.

미디어의 폐해를 '닭이 먼저냐, 달걀이 먼저냐의 싸움일 뿐이다.'라고 합리화한다면 큰 오산이다. 미디어의 폐해로부터의 해결책은 단 한 가지다. 우리가 접하는 미디어의 공해는 인간 스스로 무한자극을 원하기 때문이라는 자기반성에서부터 출발해야만 한다.

미디어 제공자에게 인간은 행복, 순수, 긍정, 호혜, 평등, 희생, 사랑, 아름다움이라는 가치에 반응한다고 강변해 봐야 아무 소용이 없다. 그들은 인간이 궁극적으로 원하는 가치보다 인간이 쉽게 반응하는 소재에 집중한다. 미디어 제공자는 인간은 타인의 불행을 확인하는 과정을 통해서 자기만족을 느끼는 이기적인 존재라는 가정하에서 정보를 취사선택한다.

그럼에도 재미있다

다시 텔레비전 드라마로 돌아가 보자. 1970년대에 전파를 탔던 드라마를 현재 주말 저녁시간에 상영한다면 시청률 하락은 불 보듯 뻔한 일이다. 1970년대 드라마는 순애보적 사랑을 주요 소재로 삼았다. 비운의 주인공은 늘 여성이며 남자는 가해자로 등장한다. 남존여비라는 시대적 분위기까지 추가하면 지금으로서는 도저히 받아들일 수 없는 마초 드라마가 탄생한다.

십여 년 전 한국을 포함해서 일본까지 한류 드라마 광풍을 몰고 왔던 연속극 〈겨울연가〉를 살펴보자. 〈겨울연가〉 주인공으로 등장하는 준상이(배용준)와 유진이(최지우) 간의 애정관계만으로 드라마를 완성하지 않는다. 주연배우 준상이와 유진이를 좋아하는 두 명의 남녀배우가 합세하여 삼각관계를 형성한다. 이것만으로는 부족했나 보다. 준상이와 유진이 부모의 치정관계까지 더해져서 드라마는 후반부로 갈수록 복잡해지는 양상을 보인다.

이미 1970~1980년대 드라마를 경험했던 시청자들은 주인공 남녀의 이중관계로만 자극을 느끼기에는 2% 부족한 상황이 되어버렸다. 시청자들은 더 강하고 복잡한 자극을 찾기 위해서 텔레비전의 전원을 켠다.

끝없는 자극의 연속. 아무리 비판해도 막장드라마는 하이에나처럼 방송계에서 사라지지 않는다. 매번 외투만 갈아입는 막장줄거리에 욕설을 퍼부으면서도 드라마에 환호하는 시청자들이 전국 방방곡곡에 포진해 있기 때문이다. '그럼에도 재미있다.'라는 말은 스스로를 자극성 미디어에 사로잡힌 수동적 인간이라는 자포자기적인 선언과 다를 바가 없다. 자극이 부담스럽고 싫다면 자극을 피하는 방법을 스스로 찾아내야만 한다.

'팝콘 브레인' 탄생

이시형 박사의 저서 『뇌력혁명』에서는 2011년 미국의 공공과학도서관 온라인 학술지의 연구결과를 토대로 인터넷의 해악을 설명하고 있다. 인터넷 이용시간을 기준으로 매일 10시간 사용자 그룹과 2시간 사용자 그룹을 대상으로 한 연구에서, 매일 10시간 동안 인터넷을 사용한 사람은 뇌의 생각 중추인 회백질의 크기가 눈에 띄게 줄어들었다고 한다. 인간의 뇌가 과도한 인터넷 사용에 의해 현실에 적응하지 못하는 구조로 바뀌었다는 것이다. 그는 인터넷 중독자가 현실에 무감각해지고 팝콘처럼 튀어 오르는 내용에만 반응하는 뇌를 가지고 있다고 해서 '팝콘 브레인'이라는 용어가 등장했다고 말한다.

마셜 매클루언이 언급했던 예언, 즉 미디어의 영향력은 반세기가 지난 지금 정확히 들어맞는다. 스마트폰을 위시한 각종 미디어매체는 인간의 수족이 되어 버린 지 오래다. 미디어매체는 개인 간 쌍방향 소통의 도구로 발전했다. 하지만, 미디어의 파괴력으로 인해 인간의 감각은 이미 마비 상태가 되었다. 통제의 도구로서 미디어의 역할은 강화되었지만 정보의 전달자에서 이슈 메이커로 탈바꿈해 버린 존재가 21세기형 미디어다.

결국, 미디어 스스로가 탈진사회의 조종자가 되어 인간을 통제하고, 재생산하며, 미디어로 인한 인간사회의 붕괴라는 위기상황을 초래했다는 사실을 앞의 사례를 통해 확인할 수 있다.

미디어의 본색은 '자극의 일상화'다. 우리가 수시로 접하는 미디어의 정체는 자극에 있다. 우리는 태어나서부터 수많은 사건·사고를 읽고, 보고, 듣고, 쓰고, 말하면서 살아왔다. 자극이 누적될수록 우리는 더욱 강력한 자극을 원하기 마련이다.

1970~1980년대를 주름잡은 스포츠 중 하나는 권투다. 1970년대에는 '나비처럼 날아서 벌처럼 쏜다.'라고 외치던 무하마드 알리, 입에서 연기가 날 때까지 링에서 싸웠다고 해서 '스모킹 조'라 불렸던 조 프레이저, 40대 중반에 다시 복귀한 '할아버지 복서' 조지 포먼 등이 세계 복싱계를 주름잡았다.

1980년대에는 복싱 레전드 4인방이라 불리던 '천재복서' 슈가 레이 레

너드, 2미터에 가까운 리치를 활용하여 선전했던 '턱 분쇄기' 또는 '저격수' 토머스 헌즈, 파나마의 '돌주먹' 로베르토 두란, '불가사의'라 불리던 대머리 복서 마빈 해글러가 복싱팬들의 우상이었다. 세계 복싱계는 '핵주먹' 마이크 타이슨의 등장 이후, 침체기를 겪는다. 자극적인 경기를 원하는 청중들을 만족하게 할 '결정적 한 방'이 스포츠 방송계에서는 필요했다.

결국, 등장한 경기는 선수들을 보호하기 위한 두툼한 글러브도 필요 없고, 손뿐만이 아니라 발로도 싸울 수 있는 신종격투기였다. 이름하여 이종격투기, 무규칙격투기, 혼합격투기라고 불리는 이 경기는 가라테 또는 무에타이처럼 마주 선 상태에서 상대방을 가격하는 입식타격기와 누운 상태에서도 파운딩, 조르기, 꺾기 공격을 할 수 있는 종합격투기로 구분된다.

로마시대를 배경으로 한 영화 〈글래디에이터〉에서는 무기를 들고 맹수나 상대방 노예와 목숨을 건 사투를 벌이는 검투사들이 등장한다. 당시에도 청중들은 잔인한 경기를 관람하면서 즐거움을 느꼈다고 하니 예나 지금이나 사람들이 선호(물론 개인차는 엄연히 존재한다.)하는 자극의 원천에는 가학적인 본성이 존재한다.

이런 경기를 중계하는 매체 역시 미디어다. 동일 시간대에 어떤 방송을 보여주는가는 미디어 생산자의 마음에 달려 있다. 어떤 방송을 원하는지에 대해 국민투표에 부칠 수도 없는 노릇이고, 그렇다고 소수집단을 상대로 한 선호도의 결과치가 반드시 시청률과 정비례하지도 않는다는 것이 방송계의 통설이다. 따라서 어떤 방송이든 시청률의 높고 낮음이 제작물의 승패를 좌우한다. 아무리 좋은 의도로 만든 방송일지라도 시청률 앞에서는 종이호

랑이에 불과하다. 인터넷 매체라고 해서 예외가 아니다. 사람들이 찾지 않는 인터넷 포털사이트는 대기업의 광고 지원이 끊기기 마련이고 이는 곧 포털 사이트 업체의 경영부실로 이어지기 마련이다.

갈수록 자극적이고 놀라운 뉴스거리가 방송계와 포탈 사이트를 지배하는 세상이다. 우리가 스마트폰과 컴퓨터와 텔레비전 방송의 전원을 올리는 순간, 무대 뒤에서 시청자를 기다리던 자극적인 미디어는 밀물처럼 우리의 뇌 속으로 침투한다. 시청자의 무한자극을 추구하는 것만이 미디어 세계의 지상목표라는 사실을 잊어서는 안 된다.

미디어 홍수 속 살아남는 법

미디어를 주무르는 이들은 대중의 머릿속을 자신들이 항상 지배해야 한다고 믿는다. 그들은 어떤 청중들도 자신들이 보여주는 자극적 정보와 영상에 반응할 수밖에 없다는 원칙을 신봉한다. 황진이의 뇌쇄적인 콧소리와 자태 앞에서 무너져버린 벽계수처럼, 미디어의 홍수 속에서 자아를 잃어버린 사람들이 지금도 TV 리모컨을 움켜쥐고 시간을 죽이는 중이다. 우리는 미디어의 유혹과 횡포 속에서 탈진해가는 사회에서 살고 있다.

독일의 실존철학자인 마르틴 하이데거는 저서 『존재와 시간』에서 사물의 공간성에 대해 다음과 같이 말한다. 사물의 공간성은 주관적 의미를 내포하며, 사람들은 당면한 문제설정 범위 안에서 순수공간의 주관적인 발견과 전

개의 실마리가 되는 현상적 지반을 존재론적으로 확인할 뿐이라고 설명한다.

하이데거가 말하는 사물의 공간성을 형체가 없는 미디어로 대체한다면 예상보다 쉽게 결론을 내릴 수 있다. 미디어는 수용자 입장에서 주관적 해석이 가능하다. 사람들은 미디어의 장이라 할 수 있는 매체, 즉 인터넷이나 스마트폰이라는 도구를 통해서 발현하는 미디어 데이터를 확인하는 기능 이외에는 의미가 없다는 것이다. 결국, 미디어란 존재는 수용자의 태도에 따라서 얼마든지 비판적 수용이 가능한 태생적 한계를 가진다는 사실에 다다른다.

미디어의 홍수 속에서 정신적 탈진상태를 경험한 사람들이 증가하고 있다. 비판적 지성이 거세된 상태에서 수용자들이 습관적으로 행하는 미디어와의 접속행위는 인간의 영혼을 잠식하는 자살행위다. 미디어 생산주체가 조작하는 환경하에서 대중들의 탈진사태는 계단식으로 이동한다. 계단의 맨 위에 다다를 즈음, 대중들은 자신의 영혼이 미디어의 홍수로 인해 고갈되었음을 절감한다. 이미 때는 늦었다.

미디어는 대중들의 영혼을 야금야금 빨아들이는 거대한 원자력 발전소다. 미디어와 소통할 수 없는 이들은 시대에 뒤떨어진 세대로 추락한다. 미디어의 정체에 대해서 학습이 필요한 시점이다. 미디어는 결코 대중들에게 '깊이'를 강요하지 않는다. 대중들의 사고기능 회복이 급선무라는 사실을 미디어 조작자는 의도적으로 외면한다. 미디어 조작자의 목표는 기업의 생존방식과 흡사하다. 상품을 팔아 수익을 노리는 기업과 정보와 광고를 유통해 대중의 머릿속을 지배하려는 방식의 차이가 존재할 뿐이다. 우리는 초단위로 행해지는 미디어의 파상공세 속에서 거리두기가 필요하다. 원하는 정보와 원치 않는 정보를 이원화할 수 있는 구별능력의 배양이 시급한 시점이다.

먼저 움직이는 자가 먼저 깨닫는 자

　　　　　　　하이데거는 존재에 대한 근원적 해석을 하려면 주관적 존재자의 '전체'가 모두 미리 확보되었는지를 제대로 확인해둬야 한다고 역설한다. 존재 전체의 통일성에 대한 물음이 현상적으로도 증명되어야만 우리는 비로소 해답을 얻을 수 있다고 하이데거는 말하고 있다.

　미디어를 통해서 삶의 진리나 해답을 얻을 수 있다는 것은 착시현상이다. 삶에 대한 성찰은 일회성 정보와 쾌락적 이미지가 난무하는 미디어를 통해서는 절대 불가능하다. 정보를 수용하는 보조수단으로서의 가치가 미디어의 한계다. 인터넷 정보검색을 마친 뒤, 인생의 새로운 의미를 깨달았다는 선지자는 아직 등장하지 않았다. 아니, 앞으로도 미디어를 통한 인생의 통찰이라든지 존재에 대한 근원적 해석은 성립할 수 없다.

　실존의 본질에 다가가기 위해서는 범람하는 미디어매체가 아닌, 지적개발을 위한 고전적인 도구와의 소통이 필요하다. 이를테면 명상, 규칙적인 운동, 독서, 강의, 봉사활동, 자연친화적 삶과의 접촉을 통한 자아의 단련이 예가 되겠다. 미디어의 세력권에서 탈출하자. 구명선을 기다리기에는 남은 시간이 많지 않다. 먼저 움직이는 자가 먼저 깨닫는 자임을 기억하자.

삶의 의미는 즐거움에 있다. 나는 작품을 분석하며 어떤 식으로 남에게 들려줄까 상상할 때 즐거움을 느낀다. 삶의 의미는 간절한 욕구를 예술로 승화시키는 데 있다. 예술이라고 대단한 것이 아니다. 살아가는 방법, 먹는 방법도 예술이 될 수 있다. 모든 것은 조악한 것에서부터 시작한다. 그 조악한 것을 조금씩 다듬어 가는 과정에 삶의 의미가 있다. _예후디 메뉴인

14

멋진 신세계

이번 장의 타이틀 '멋진 신세계'는 영국의 사상가이며 시인이자 소설가로 활동했던 올더스 헉슬리의 장편소설의 제목이다. 1932년 출간한 장편소설 『멋진 신세계』는 21세기 탈진사회를 살아가는 현대인들에게 묵시록 같은 경고성 문구들이 가득한 작품이다. 20세기에 쓰인 미래소설 중 가장 높은 완성도를 보여줬다는 문단의 평가를 받았던 작품 『멋진 신세계』는 제목과는 상반된, 편리성만을 추구하는 인류의 황폐해진 미래상을 보여준다.

"방패 모양의 간판에는 세계 국가의 표어인 '공유, 주체성, 안정'이라는 글귀가 쓰여 있었다."라는 문구로 소설 『멋진 신세계』는 시작한다. 작가가 말한 미래시대, 즉 '멋진 신세계'에서 태어나는 사람들은 인도처럼 알파에서 엡실론까지 다섯 가지 계급으로 나누어진다. 시험관에서 각자 계급에 맞추어져 태어난 아이들은 정해진 운명을 당연한 것으로 받아들인다. 그들은 사회에 순종하면서 자신이 처한 계급이 다른 누구보다도 행복하다고 여기도록 교육받는다. 아이들은 태어나기 전부터 수면학습이나 전기자극 등을 통해서 조작된 가치관을 부여받는다.

소설은 원시지역에서 살다가 멋진 신세계로 초대된 원시청년 존이 등장하면서 반전을 보여준다. 작가 올더스 헉슬리는 인간들이 유토피아라고 착각하는 세상에 원시청년 존이라는 인물을 참여시킨다. 존은 자아가 박탈된 계급사회에서 사는 이들의 삶을 목격하면서 혼란에 빠진다. 존은 지배자들이 조작한 가짜 행복에 반발한다. 그는 결국 자신이 불행해질 수 있는 권리를 '멋진 신세계'에서 찾아내려고 노력한다.

작가는 가상의 세상인 『멋진 신세계』를 통해서 누구도 불행하지 않은 세상을 묘사하고 있다. 이곳에는 아픔이나 배고픔 같은 육체적인 고통뿐만 아니라 외로움이나 슬픔 같은 정신적인 고통도 존재하지 않는다. 무엇 하나 부족하지 않고 원하는 모두와 마음껏 사랑을 나눌 수 있는 곳, 죽음마저 감미로운 세상을 '멋진 신세계'라고 올더스 헉슬리는 말한다. 다음은 소설 『멋진 신세계』에 등장하는 주요 문구다.

"우리는 계급을 미리 정하고 조건반사화시킵니다. 우리는 사회화된 아기들을 내놓습니다. 말과 계급과 엡실론 계급을 내놓아 미래의 하수구 청소부로."

올더스 헉슬리는 작품에서 미국의 자동차회사인 포드사가 T형 자동차를 최초로 생산했던 1908년을 기원 1년으로 설정한다. 소설의 시간적 무대는 500년 후로 가정하고, 지구에서 벌어지는 사건들을 퍼즐조각처럼 풀어낸다.

헉슬리의 작품이 나온 지 80년이 지난 지금에도 『멋진 신세계』가 고전으로 남아 있는 이유는 소설의 설득력에 있다. 멋진 신세계는 새롭게 태어난 인간에게 더욱 나은 미래를 제공하기 위해 성장기에 겪어야 하는 고통의 과정을 기억에서 삭제한다. 얼핏 보면 그럴듯한 행복의 논리로 보일 수도 있다. 소설을 읽다 보면 우리 역시 소설과 크게 다르지 않은 계급사회에서 살고 있다는 사실을 깨닫게 된다.

계급사회의 빛과 그늘

19세기 무렵까지 인간의 계급은 태어남과 동시에 명예의 고하가 결정되는 일종의 보증수표였다. 귀족과 천민, 양반과 상놈, 왕족과 평민 등으로 구분했던 계급의 교차점은 자신의 등급이 상징하는 가치에 따라 다른 사회적 대우를 받아야 했다. 이러한 계급적 구분의 획기적인 변화를 가져온 사건이 있었다. 바로 유럽발 자본주의 혁명이었다.

대량생산을 모토로 하는 산업사회화 현상은 결론적으로 귀족이 아닌 자본가들이 대접받는 세상을 의미한다. 20세기 이후 자본주의 사회에서 말하는 인간의 가치는 오로지 돈의 많고 적음에 따라서 결정되었다.

올더스 헉슬리가 묘사했던 인간의 계급은 철저하게 개인의 의지를 배제하고 있다. 저서 『구별짓기』를 통해서 문화자본을 설명했던 피에르 부르디외의 지적처럼, 현대사회를 살아가는 인간의 계급은 부모의 직업 또는 자본환경에 의해서 판가름난다. 따라서 문화자본은 『멋진 신세계』처럼 자신의 의지보다는 환경적인 요인에 의해서 결정된다.

부언하자면 인간은 태어나면서부터 '멋진 신세계'에서 살 수 있을 것인지, '그저 그런 신세계'에서 살 것인지, 그것도 아니라면 '엿 같은 신세계'에서 보잘것없는 삶을 살다 갈 것인지가 결정된다. 물론 일부 계급은 자신의 피나는 노력을 통해 부자계급으로 이동할 수 있기는 하다. 하지만, 그것은 알다시피 낙타가 바늘구멍에 들어갈 정도의 확률일 뿐이다. 탈진사회는 부모가 잘살면 자식도 잘살고, 할아버지가 알부자이면 손자까지 자본의 혜택이 대대손손 미치는, 절대 멋지지 않은 세상을 의미한다.

올더스 헉슬리는 소설을 통해서 지식사회의 붕괴를 예측하고 있다. 아이러니하게도 지식인의 이중성은 소설이 출판되었던 20세기나 지금이나 변한 것이 없다. 지식인의 이중성은 다음 두 가지로 분류할 수 있다.

첫 번째는 집권 정치체제의 철학에 철저하게 부응하려는 폴리페서(Polifessor)가 이에 해당한다. 학문의 연마와 제자양성에 몰두하기는커녕, 대학교수라는 위치를 이용하여 정계진출 등 자신의 정치적 기반을 쌓고자 하는 세속적 성향의 교수를 폴리페서라고 말한다. 대학교수를 제외하고도 사회의 지배계층에 합류하고자 하는 지식인들은 사회 곳곳에 존재한다.

두 번째 분류는 지식인이지만 정치체제에 대해서 비판적 태도를 보이는 이들이다. 그들은 보다 살기 좋은 세상을 만들기 위해서 자신의 이해 관계보다는 사회에 공헌할 수 있는 가치에 집중한다. 예를 들면 에드워드 사이드, 하워드 진, 놈 촘스키 등이 이에 해당한다. 그들은 사회운동가이 면서 반체제 지식인 그리고 평화운동가라는 역할을 동시에 수행한다. 올 더스 헉슬리는 이러한 두 번째 지식인들의 양성을 반대하는 디스토피아 를 소설을 통해서 묘사하고 있다.

지식축적의 대표적인 수단은 독서다. 사람은 자신이 직접 경험할 수 있 는 한계치를 극복하기 위해 독서라는 효율적인 학습수단을 선택한다. 이 들은 독서를 통해서 쌓인 지식의 두께가 튼실해질수록 사회의 면면을 볼 수 있는 다채로운 시야를 가진다. 이를 통해서 사회비리와 부정부패를 비 판하고 부조리에 대항하는 사고로 무장한다. 따라서 태어나기 전, 이미 운 명이 정해지는 멋진 신세계에서 독서는 필요악이다. 특히 낮은 계급의 인 간들이 독서를 통해서 지식을 함양하는 행위는 불법에 가깝다고 『멋진 신 세계』는 말한다.

"나이가 60이 되어도 우리의 기력과 기호는 17세였을 때와 조금도 차 이가 없다. 과거의 노인들은 나이가 들면 일을 포기하거나 은퇴를 하거나 종교에 매달리거나 독서나 사색을 하는 것으로 남은 여생을 보내곤 했지. 아무 쓸모 없는 사색 같은 것으로 말이야."

올더스 헉슬리는 미래 산업사회에 닥칠 노동조건의 변화를 예견한다. 그는 노인들이 평생 일하는 세상, 즉 평생토록 노동에 헌신해야 하는 노 동제일주의 사회를 멋진 신세계에 포함하고 있다.

노인을 위한 신세계

작가가 미처 예견하지 못한 미래의 모습은 평균수명의 증가로 인한 노년층의 폭발적 증대다. 이제는 누구나 100세 시대를 말한다. 보험상품마저 100세 시대를 고려해서 장기혜택이 부여된 상품을 판매 중이다. 그렇다면 100세 시대의 도래가 인류에게 행복을 보장하는 청신호일까?

평균수명의 증가는 늘어나는 여생에 대한 경제적 부담이 뒤따른다. 오래 사는 만큼 많이 소비해야 하는 금전적 부담을 덜기 위해서 노년층은 어쩔 수 없이 노동을 해야 한다. 하지만, 인생경험을 제외하고는 체력적으로나 정신적으로 젊은 층에 비해서 열세에 놓여 있는 노년층이 해낼 수 있는 일은 그리 많지 않다. 노동의 필요성만이 존재하고 노동조건이 담보되지 않은 사회를 우리는 탈진사회라고 말한다.

이제는 나이 60줄에 접어들면서 낭만적인 노년생활을 즐길 수 있을만한 이들은 상위 5% 미만에 해당하는 부유층이 전부다. 모두 한 푼의 돈이라도 더 벌기 위해서 기를 써야 하는 현실이다. 늘어난 수명만큼 필요한 치료비와 생활비가 없다면 연장된 노년의 삶은 지옥도와 다를 바가 없다. 자유의지가 배제된 노동만이 존재하는 세상을 작가는 멋진 신세계의 특징이라고 규정한다.

"남들과 다르면 누구나 외톨이가 되지 않을 수 없어요. 사람들은 그런 사람들에게 잔인하게 대하죠. 나로 말할 것 같으면, 사람들은 항상 모든 것으로부터 나를 격리시키죠."

작가가 말하는 미래사회에는 모든 사람이 똑같은 사고와 행동을 반복한다. 올더스 헉슬리는 '소마'라는 물질의 투입을 통해서 고통을 잊을 수 있으며, 계급 간 이동이 절대로 불가능한 사회를 멋진 신세계라고 꼬집고 있다. 멋진 신세계에서 동일계급에 속해 있는 인간들로부터 다양성을 찾기는 불가능하다.

역사적으로 지배계급은 통치받는 계급이 주장하는 다양성의 논리를 부정하기 위해서 애써 왔다. 다양성이 보장되는 사회는 건강한 기초체력을 지닌 사회다. 다수결의 원칙을 신봉하는 민주주의 사회는 반대로 소수의견을 존중하지 않는다. 다양한 의견이 살아 숨 쉬는 사회가 인간적인 미래를 보장한다. 다수의견이 늘 정답일 수 없다. 다수의견으로 인해 이루어진 결정이 사회를 괴멸시켰던 역사적 사례가 허다하기 때문이다. 비슷한 예로 히틀러의 광기에 종속되었던 파시즘과 일본의 군국주의 등이 예다.

개인 간 쌍방향 의사소통 기능이 보강된 미디어사회에서 국가 또는 정치기관이 주도하는 국민의 세뇌 가능성은 과거에 비해 그리 높지 않다. 미디어라는 매체는 국가 또는 정치기관의 소유물이 아니기 때문이다. 이제는 개인도 자유롭게 미디어매체를 통해 자신들의 의견을 피력할 수 있으며, 국가의 잘못된 의사결정에 대해서 얼마든지 이견을 표출할 수 있는 시대다. 하지만, 개인들의 정치적 의사표현의 가능성과 표현의 자유에 대해서는 아직도 문제점이 산적해 있는 형편이다.

올더스 헉슬리는 과학이 인간의 물질적인 생활뿐 아니라 정신적인 생활까지도 지배한다는 반(反)유토피아 풍자소설인 『멋진 신세계』를 완성했다. 멋진 신세계는 일종의 환상의 세계다. 소설에서는 모든 사람이 헬리콥터를 자가용으로 이용하고 있으며, 휴가 시에는 자신이 원하는 어떤 곳이든 이동할 수 있다. 멋진 신세계의 지배자는 인간의 사고, 성생활, 감정을 조종하고 통제한다. 따라서 계급 간의 어떤 투쟁이나 갈등조차도 인정하려 들지 않는다. 과학과 기술만이 모든 사회적 가치에 우선한다. 종교나 지식은 멋진 신세계에서는 필요악일 따름이다.

'멋진 신세계'는 신기루

작품 『멋진 신세계』가 탄생한 지 80년이 지난 지금, 작가의 예상대로 과학과 기술은 괄목할 만한 발전을 거듭했다. 하지만, 인류의 행복과 편리를 기치로 변화를 거듭하는 과학기술은 그만큼의 행복을 보장해주지 못하고 있다. 이른바 못 사는 나라, 즉 자본주의의 손길이 본격적으로 미치지 않는 국가의 민족들이 느끼는 행복지수가 오히려 자본주의 국가보다 높다는 사실이 이를 입증한다.

인스턴트 음식처럼 당장은 편리하지만, 장기적으로는 별 쓸모가 없는 생활용품들. 어쩌면 인류는 이미 1930년대에 필요한 대부분의 문명을 완성했는지도 모른다. 하지만, 불행스럽게도 자본의 논리에 따라서 인간은 반복적 소비를 통한 경제활성화에 기여해야만 한다. 20세기 이후 새로운 계급으로 부상한 기업의 생존을 위해서 역으로 인간이 봉사를 해야 하는 시대가 도래한 것이다.

멋진 신세계를 내려놓는 순간, 우리는 탈진사회에서 벗어날 수 있다.

작가는 과학문명의 발전으로 인해 오히려 인간이 불행해지는 상황을 『멋진 신세계』를 통해서 설명한다. 자연과 문명의 균형적인 발전이란 현재까지도 해답을 찾지 못한 사회적 과제다. 자연은 존재하는 그대로 방치해야 비로소 빛을 발하는, 발전과는 거리가 먼 존재다. 반면 문명이란 끊임없이 개발을 거듭해야 하는 무한변신의 존재다. 결국, 문명의 이기 앞에서 자연은 상처받고 침범당하는 피해자에 속한다.

기업이 최상위 계급을 독점하는 지금, 사람들은 기업이 원하는 소비하는 존재로서 역할을 할 뿐이다. 소비를 위해서 필요한 물건을 생산해야 하며, 소비자를 자극하기 위해서 천문학적인 광고비용을 투자해야 하는 것이 현대기업의 숙명이다. 인간은 자신 스스로가 기업의 총수가 되지 않는 이상 아무리 노력해도 기업이라는 계급을 초월한 위치에 속할 수가 없는 '멋지지 않은 신세계'에서 살고 있다.

인간이 주체가 되지 못하고 자본의 노예로 살고 있는 세상을 우리는 탈진사회라고 말한다. 오로지 소비를 위해 존재하는 인간들이 모여 사는 사회에서 기업은 언제나 선택받은 상위계급에 속한다는 현실을 직시하자. 멋진 신세계에 대한 환상을 마음속에서 내려놓는 순간, 인간은 과학문명이라는 검은 망토를 두른 탈진사회에서 벗어날 수 있다.

오늘날의 이 전자세계는 도무지 멈출 줄을 모른다. 우리 자신도 그 세계가 멈추는 걸 바라지 않는다. 나는 궁금하다. 도대체 무엇 때문에 그렇게 좀이 쑤실까? 무엇이 전자통신장치들을 이용하도록 우리 마음을 들썩이는 것일까? 요즘을 사는 우리는 왜 언제 어디서나 끊임없이 연락하고 싶어 안달일까? 시도 때도 없이 주고받은 만큼 메시지가 그렇게 중요한 것일까? 왜 우리는 스스로 최신 정보, 뉴스 속보, 최신 주가, 방금 도착한 이 메일을 확인하느라 미친 듯이 바쁘게 살까? 편안히 발 뻗고 누워 좋은 책을 읽거나, 긴 생각에 잠기거나, 진하고, 달콤한 키스를 오래 하거나, 아니면 그냥 잠깐이라도 창문 밖을 바라다볼 수는 없을까? _에드워드 M. 할로웰

15

단절의 미학

책『창조적 단절』을 저술한 에드워드 M. 할로웰은 전자세계의 디스토피아적인 현실에 주목하고 있다. 저자는 전자매체에 생활 대부분을 헌납하다시피 하면서 사는 현대인들을 주목한다. 그는 문자메시지, 이메일, 동영상, 페이스북, 블로그 등의 전자적 소통 매체가 정말로 인간의 삶에서 중요한 것인지 질문한다. 하지만, 어쩌랴. 이미 탈진사회에서 사는 시민은 스스로 가치척도를 세울 수 있을 만한 주체적 인간이 아닌 것을.

다음 세 가지 사건의 공통점을 찾아보자.

어린 아들을 잃은 신디

신디는 불의의 사고로 어린 아들을 잃고 만다. 그녀는 남편 데릭과의 대화마저 단절한 채 힘겨운 시간을 보내는 중이다. 상처받은 사람들을 위한 인터넷 채팅사이트에서 알게 된 남성과 습관적으로 채팅을 시도한다. 그녀는 채팅사이트를 통해서 삶의 위안을 얻지만, 정체불명 남성과의 채팅 때문에 전 재산이 피싱 당한 사실을 알고 좌절에 빠진다. 신디는 결국 남편에게 도움을 요청한다. 남편은 사립탐정에 의뢰하여 채팅남의 주소와 이름을 확인한다. 신디 부부는 채팅남의 집에 무단침입하여 문제의 채팅남을 총기로 협박하기에 이른다.

방송국 기자 니나의 특종

지방 방송국 기자인 니나는 특종을 만들기 위해 불법 성인사이트에서 화상 채팅을 하는 18살 미성년자 카일을 발견한다. 근육남 카일은 화상 채팅으로 자신의 나체를 보여주면서 상대녀들을 유혹한다. 방송국 기자 니나는 특종 취재를 위해서 카일에게 의도적으로 접근한다. 그녀는 극적으로 카일과 인터뷰를 성사하는 데 성공한다. 그녀가 기획한 불법 성인사이트 뉴스는 세간의 화제 선상에 오른다. 니나는 카일과의 인터뷰를 통해 졸지에 CNN의 주목을 받는 스타 기자로 떠오른다. 하지만, 기쁨도 잠시였다. 니나를 찾아온 FBI는 미성년자 불법 성인사이트를 수사한다며 취재원 니나에게 정보를 요구한다.

FBI의 강권에 못 이겨 니나는 카일이 활동하는 사이트와 관련한 모든 정보를 공개한다. 카일과 나체 채팅사이트 관련자들은 FBI에 쫓기는 신세로 전락한다. 이 와중에 카일과 극적으로 재회하는 니나. 그들은 서로에게 호감을 느끼는 사이로 발전한다. 니나는 채팅사이트에서 일하는 카일을 구제하겠다는 의사를 전달하는 순간, 카일의 답변을 듣고 충격에 빠진다. 카일은 니나에게 구제의 대상은 자신이 아닌 그녀라고 말한다. 영화에서는 자신의 삶을 즐기는 카일과 달리 출세를 위해 억지 보도자료를 만들면서 헛된 삶을 사는 니나의 현실에 초점을 맞춘다.

벤의 새로운 여자친구

내성적인 남학생 벤. 그는 집에서도, 학교에서도 마음을 터놓을 만한 친구가 존재하지 않는다. 그는 결국 SNS를 통해서 새로운 여자친구를 만난다. 벤의 취미는 음악감상과 음악창작 그리고 SNS다. 매사 소극적인 벤을 놀리기 위해 같은 학교의 친구 제이슨은 SNS 상의 가상의 인물을 만들어 낸다. 제이슨은 실제 존재하지 않는 제시카라는 미모의 여성을 SNS에 등록한다. 제이슨이 조종하는 가상의 인물 제시카는 벤의 음악을 좋아하는 여자로 둔갑하여 SNS 상의 친구로 활동한다.

외로움에 지쳐 있던 벤은 제시카와 서로의 고민을 주고받는 사이로 발전한다. 제시카의 유혹에 빠진 벤은 자신의 나체 사진을 제시카에게 공개한다. 이를 SNS를 통해 전교 학생들에게 공개하는 제이슨. 벤은 제시카에게 이용당한 사실에 충격을 받고 자살을 시도한다. 혼수상태에 빠진 벤은 병원 중환자실에서 의식을 잃은 채로 하루하루를 보낸다.

소통하지만, 소통하지 못하는 현대인

세 가지 이야기의 공통 소재는 가상의 공간에서 이루어지는 인간의 소통방식이다. 첫 번째 이야기에서 등장하는 신디는 남편에게서 아무런 삶의 의미를 찾지 못한다. 그녀는 공허감을 채우기 위해 상대방의 얼굴도, 목소리도 알지 못하는 인터넷 채팅에 몰입한다. 남편과의 관계 단절을 보완하는 방법으로 신디는 채팅이라는 비대면 소통매체를 선택한다. 하지만, 신디는 채팅사이트를 통해서 자신의 결제정보를 유출 당한다.

두 번째 이야기의 주인공 니나는 불법 성인사이트에서 모델로 활동하는 연하의 남성 카일을 추적한다. 니나는 카일과 온라인상의 만남에서 오프라인상의 만남으로 관계를 발전시킨다. 카일은 니나에게 이성으로서의 호감을 느끼게 된다. 그는 니나를 위해서 위험을 무릅쓰고 인터뷰를 강행한다. 카일로 인해 방송계의 유명인사로 떠오른 니나. 수사기관은 카일을 포함한 성인사이트 조직을 일망타진하기 위해 발톱을 세운다. 카일과 니나는 삶의 막다른 골목에서 재회하지만, 서로의 삶을 비난하는 상황에 직면한다.

세 번째도 페이스북이라는 SNS 매체가 등장한다. 페이스북. 이는 서로의 생각과 삶을 공유하는 매체이나 가상의 인물에 대한 아무런 확인절차 없이 만남이 진행되는 결정적인 문제점이 상존한다. 주인공 벤은 제시카라는 가상의 인물로 인해 자살을 시도한다.

여기에 소개한 세 가지 이야기는 미국산 영화 〈디스커넥트〉의 줄거리다. 말 그대로 현대사회를 상징하는 인간소외와 단절을 보여주는 제목이다. 영화에 등장하는 인물들은 약속이나 한 듯이 가상의 공간에서 SNS에 몰입한다. 그들은 대부분 오프라인 방식의 소통에 심각한 문제점을 가지고 있다. 부모 그리고 형제와의 대화의 단절, 부부간의 불화, 왕따증후군 등 개인적 삶이 중요시되는 현대사회의 그늘진 면면들이 영화를 통해서 드러난다.

외로운 사람들

『당신은 소셜한가?』의 저자 유승호는 미디어사회의 미래를 다음과 같이 진단하고 있다.

"TV에서 흘러나오는 말은 불안을 조장한다. 청년백수, 은퇴 악몽, 100세 공포 등 삶의 위기를 끊임없이 말한다. 불안은 불신을 낳는다."

저자는 사람들의 공포를 조장해 관심을 끄는 것이 미디어의 유일한 목표라고 지적한다. 미디어사회에서는 사람들과의 단절현상이 끊이지 않고 발생한다. 대화의 단절, 대인기피증, 성격장애, 미디어 중독, 은둔형 인간, 우울증 등의 현상이 대표적인 예다. 사람들은 개방형 공간에서의 단절을 피하기 위해 역으로 가상공간인 SNS에 몰두한다. 그곳에서는 인간과 인간이 서로의 모습을 바라보거나, 터치하거나, 감정을 살피는 일이 생략된다. 그곳은 인간의 내면을 위장한 상태로 절름발이 소통을 시도하는 공허한 공론장이다.

"이런 불안과 불신의 시기에 소셜미디어는 그 위험에서 위안을 주는 미디어임은 분명하다. 소셜미디어의 자기 노출, 사회적 자본, 행복에 관한 논의는 결국 타인과의 결속을 통해 불안을 해소하려는 인간의 본성에 뿌리를 두고 있다."

저자는 의식주 다음으로 인간의 생활필수품이 되어 버린 스마트폰에 대해서 '가까이 있는 사람과는 멀게 하고, 멀리 있는 사람과는 가깝게 하는 것'이라고 정의한다. 스마트폰이라는 하드웨어 매체의 핵심은 역시 소셜미디어다.

우리는 언제 어디서나 스마트폰을 통해 가상공간의 인물들과 소통할 수 있는 시대에서 살고 있다. 문제는 이러한 비접촉 소통방식의 일상화다. 자신의 민낯이 철저하게 차단된 방식의 소통은 인간의 표현방식마저 변질시킨다. '문자'와 '이모티콘'과 '좋아요.'를 입력하는 이들의 속내는 상대방에게 정확히 전달되지 않는다.

가상공간을 통해서 흘러나오는 이러한 억지 위안은 미디어시대의 인간들에게 외로움을 잊기 위한 일시적 진통효과만을 전파할 뿐이다. '소셜미디어를 왜 사용하는가?'라는 물음에 대한 가장 큰 이유는 소통이다.

저자는 소셜미디어상의 텍스트가 분석과정을 통해 상품이나 인물의 평판에 이용되는 현실을 우려한다. 그는 인간의 생각과 감성을 드러내는 무의식의 텍스트보다는 인간의 생각과 감성을 숨기고 거스르는 조작적 텍스트가 넘쳐날 것이라고 경고한다.

결국, 소통이라는 인간관계의 중요한 연결고리를 만들기 위해서 탄생한 소셜미디어가 오히려 조작적 텍스트로서 부작용을 떨치는 순간, 인간은 새로운 단절을 경험하는 것이다.

인간관계의 단절은 산업사회의 산물이자 탈진사회의 숨겨진 얼굴이다. 우리는 SNS를 통해서 얼마든지 가상의 인물들과 새로운 인간관계를 형성할 수 있다. 차단 키를 누르는 순간, 우리는 간편하고 신속하게 원하지 않은 인물과 관계를 단절할 수 있다. 사고가 거세된 공간에서의 인간관계는 감정의 응고현상만을 가져올 뿐이다.

문제는 이러한 SNS의 아스피린 효과가 궁극적인 관계 형성의 해답이 될 수 없다. 행동경제학에서 밝혀진 바와 같이 인간의 선택지는 뜻밖에 비합리적 결정을 반복한다. 블라인드 테스트에서 우승한 맥도날드 체인점의 저가 커피(맥 커피)보다는 두 배 가까이 가격이 비싼 스타벅스의 커피를 선택하는 이유가 무엇일까? 이는 인간의 인지적 선택기능이 상품 브랜드에 종속당하는 일종의 학습된 무의식 때문이다.

이러한 인간의 비합리적 성향이 극단적으로 나타나는 공간이 바로 가상의 소통공간인 SNS다. 하루에 수십 번씩 무의식적으로 스마트폰을 켜보는 행위 또한 인간의 비합리적 습성이다. 단절의 돌파구로서 SNS의 역할은 이미 한계점에 봉착해 있다.

그렇다면 단절의 해결책으로서 다른 대안이 존재하는가? 물론이다. 종교, 동호회, 학교, 직장 등은 인간관계 단절의 해결책으로서 가능성을 내포하고 있다. 하지만, 이러한 인간관계를 기반으로 한 대체물도 지속가능성이라는 측면에서 태생적인 문제점을 지니고 있다.

이미 인간관계의 장이자 소통의 장으로 등장한 종교집단은 가장 강력한 관계의 지속성을 자랑한다. 하지만, 동호회, 학교, 직장의 경우, 이야기가 달라진다. 본인의 의지와 관계없이 떠나야 하는 조직이 학교이자 직장이다.

특히 이해관계 집단인 직장은 퇴직과 함께 대부분 인간관계가 종말을 고한다. 동호회는 중간점에 위치한다. 본인의 참여의지와 함께 동호회의 영속성이 보장된다면 교회 다음으로 강력한 인간관계의 대안으로서의 역할이 가능하다.

일본에 이어 한국은 본격적인 '일인가구시대'로 진입 중이다. 최근 조사를 따르면 한국의 일인가구는 약 100만 명으로 10년 만에 거진 2배로 증가했다. '화려한 싱글'로 불리는 일인가구의 환상은 현실과는 괴리가 있다. 일인가구에 편입된 이들의 가장 큰 난제는 외로움과 사회적 단절이다. 지나친 음주, 게임중독, 불규칙한 생활, 권태, 건강문제 등은 일인가구에 속하거나 이를 지향하는 이들이 해결해야 할 숙제다.

정보화시대 사람들은 탈진사회에서의 단절감을 해소하기 위해 동굴로 숨어든다. 미디어 세대는 궁극적으로 인간과의 소통을 갈구하지만, 그렇다고 해서 단절된 삶으로부터 탈출하기 위해 애쓰지는 않는다. 현대사회에서 인간관계의 중요성은 필수가 아닌, 선택에 불과하다.

인간 해독제

영화 〈캐스트 어웨이〉에서는 단 한 명의 인물이 무인도에 등장한다. 배우 톰 행크스가 바로 그 주인공이다. 1719년에 발표한 작가 다니엘 데포의 소설작품인 〈로빈슨 크루소〉에서 소재로 한 영화 〈캐스트 어웨이〉는 마치 현대 정보사회를 무인도에 옮겨놓은 듯한 느낌을 주고 있다.

주인공 톰 행크스는 페덱스라는 우편회사에 근무하는, 세계를 무대로 가장 바쁜 일정을 살고 있다고 자부하는 남성이다. 하지만, 그것도 잠시, 그가 탑승한 페덱스 전용기가 사고로 추락하는 사건이 발생한다. 악전고투 끝에 무인도에 도착한 톰 행크스. 그는 무려 4년이라는 시간 동안 무인도에서의 삶을 연명한다.

영화의 압권은 외로움에 못 이겨 배구공에 사람의 형상을 그리고 공을 향해 미친 듯이 독백을 중얼거리는 톰 행크스의 모습이다. 그는 외로움을 극복하기 위해 배구공에 인격을 부여한 것이다. 배구공의 이름은 윌슨이다. 이는 인간관계의 단절이 심화되고 있는 현대사회를 암시한다. 톰 행크스는 친구 '윌슨'을 통해서 관계 무인도라는 단절의 공간 속에서 관계와 소통의 의미를 부여한다.

탈진사회의 해독제는 인간관계의 회복을 통한 치유다. 하지만, 현대사회에서 요구하는 인간의 유형은 오로지 산출물만을 강요하는 결과형 인간이다. 뜨거운 심장보다는 냉정한 이성을, 과정의 이해보다는 결과물을, 교양보다는 자본을, 인간가치보다는 계급을, 감정보다는 물질을, 여유보다는 속도를, 감정의 표현보다는 억제를 원하는 탈진사회의 속성이 관계 단절의 가속화를 부추기고 있다.

성과와 결과에 병적으로 집착하는 사회는 인간에 대한 배려의 비중을 최소화해야만 유지가 가능하다. 기능적 인간만을 원하는 사회는 인간가 치에 관심을 두지 않는다. 오히려 인간가치가 수면 위로 부상할수록 탈진 사회는 위기에 빠진다. 마지막 남은 자신의 능력까지 쏟아부어도 늘 무엇 인가가 부족한 게 결과형 사회다.

탈진사회의 일원이 되기 위한 인간관계의 방식은 '단절의 일상화'에 익숙해지는 것이다. 반면, 탈진사회 늪에서 탈출하는 방법은 이해와 소통 의 방식을 바꾸는 것이다.

'긍정심리학'의 대가로 알려진 미하이 칙센트미하이는 책 『하나의 생 각이 세상을 바꾼다』(안희경 저)에서 아시아 문화가 지나치게 고답적이라 고 말한다. 서구문화에 비해서 새로운 것을 쉽게 받아들이지 않는 현상을 지적하고 있다.

그는 창의적 사회가 되기 위한 첫걸음은 더는 이 세상에 옳은 답은 하 나라고 주장하지 않는 것이라고 말한다. 과거의 틀에 사로잡힌 사회는 새 로운 아이디어나 의식이 등장해도 이를 쉽게 받아들이지 않는 문제점을 가지고 있다고 미하이 칙센트미하이는 말한다.

이와 다른 측면으로 창의적인 사회는 아주 심한 경쟁이 벌어지고 있 으며, 사회적 기대수준 또한 매우 높다고 말한다. 따라서 창의적 사회에 서는 문제를 해결하는 길이 오직 하나뿐이라고 정의할 수 없다고 그는 강조한다.

창의적 사회는 인간관계의 단절을 해소할 수 있는 열쇠를 지닌 사회다. 하나가 아닌, 다양한 의견을 복합적으로 수용할 수 있는 사회일수록 관계의 단절보다는 관계의 조화가 강조되기 때문이다. 오직 한 가지의 사회가 치만이 해답이라고 강요하는 사회는 탈진사회다. 인간관계의 단절, 사고의 단절, 다양성의 단절, 비판의식의 단절로 이어져 악순환만 거듭할 뿐이다.

인간의 본성에는 이기적인 속성과
이타적인 속성이 있다. 인간은 위
계를 형성하려고 시도한다. 그렇다
고 해서 우리사회의 위계질서가 정
당하다는 설명은 아니다. 우리가
어떤 특정한 형태의 위계를 제거한
다고 해도 인간사회의 위계구조가
사라지지 않는다는 의미다. _피터 싱어

16

비정규직의 천국

우리는 매일 비정규직이라고 불리는 사람들과 함께 숨 쉬며 살고 있다. 당신의 친구나 선후배 또는 친척 중에 적어도 한 명 이상은 비정규직이라는 계급의 소유자들이다. 굳이 지인들을 들먹일 필요까지도 없다. 가까운 편의점이나 슈퍼마켓, 마트나 동네 카페에 가보아도 카운터를 지키는 이들 중 상당수는 비정규직이라는 투명명함을 가진 이들이다.

상처가 깊은 사람들은 자신의 내면을 상대방에게 쉽게 내보이지 않는다. 이제 비정규직이라는 상처에 대해서 조심스럽게 말해야 할 차례다. 우리의 이웃에는 비정규직 노동자가 살고 있다.

그렇다면 비정규직의 정의는 무엇인지 알아보자. 비정규직은 명확한 사전적 의미가 존재하지 않기 때문에 다양한 해석이 가능하다. 통계청은 고용계약 기간이 길고 짧음에 따라서 비정규직을 크게 상용직, 임시직, 일용직, 계약직으로 분류하고 있다.

상용근로자는 고용계약기간의 정함이 없거나 1년 이상인 근로자를 말한다. 이를테면 비정규직 분류 중 가장 근무기간이 긴 경우에 속한다. 다음으로는 임시근로자로 계약기간이 최소 1개월에서 최장 1년을 유지하는 근로자를 의미한다. 임시근로자는 비정규직의 중간층에 속하는 부류다.

셋째는 일용근로자로 비정규직 중에서 가장 처우가 좋지 않은 사례다. 이는 계약기간이 1개월 미만으로 일당 또는 주급 형식으로 단기 급여가 지급되는 근로자를 말한다.

일용근로자, 즉 일용직 노동자는 월급이 아닌 일당을 받아 생활하는 비정규직 노동자다. 건설 노동자, 공공기관 노동자, 목욕탕 근무요원, 일당 아르바이트 등이 일용직 노동자의 대표적인 사례다. 일용직 노동자는 노동시간이 짧을뿐더러 하루하루 고용과 실업이 반복되는 특징이 있다. 이러한 고용의 불안정성 때문에 일용직 노동자는 다른 비정규직 노동자보다 적은 임금을 받는 경우가 많다.

마지막으로 계약직 노동자가 존재한다. 이들은 월급이 아닌 일당을 받아 생계를 유지하는 비정규직 노동자다. 또한, 처음 근로를 하기 전 고용기간을 정해놓고 계약해야 한다. 사립고등학교 계약직 교사 등이 이에 해당한다. 계약직 노동자는 근무기간이 상당히 다양하며 무기계약직 노동자라고 해서 기간이 정해져 있지 않은 예도 있다.

너나 잘하세요

비정규직의 역사는 산업사
회에서 파생된 상처의 역사다. 비정규직의 탄생배경에는 산업사회라는
경제적 동인을 빼놓을 수 없다. 특히 영국발 산업혁명의 여파는 단순히
시민에게 생활의 편리를 제공했다고 단정할 수 없다. 산업의 발달은 농경
중심사회에서 제조업이나 서비스업으로의 위치이동을 가져온다.

서비스 산업은 노동수요의 급락이 심하며, 하루 일과 중에서 노동투입
시간대의 굴곡이 심하다. 대표적인 서비스업에 해당하는 식당, 편의점, 배
달 등의 직종에 종사하는 수많은 이는 손님들이 몰리거나 몰리지 않는 시
간대에 따라 노동집중도가 시시각각 변하는 특성을 지닌다. 따라서 서비
스 산업에서는 정규노동자 이외에 적시에 근무할 수 있는 비정규직 노동
자를 선호하게 되었다. 이러한 특성 때문에 비정규직 노동자는 전통적으
로 노동시장의 약자라고 불리는 저학력, 저임금, 저숙련도, 여성, 외국인,
노인들이 차지하는 경향을 보인다. 마지막으로 계절적 영향을 크게 받는
업종인 건설노동자, 서비스업종사자, 단순노무종사자도 비정규직 노동자
가 대다수를 차지한다.

2013년이 되어서야 비정규직 문제가 한국 방송계를 강타한다. 드라마
〈직장의 신〉이 그것이다. 주인공인 '정주리'는 비정규직 노동자라는 이유
로 직장에서 고용불안과 함께 여러 가지 차별대우를 받는다. 〈직장의 신〉
은 비정규직 문제를 모토로 사회적 공감대를 이끌어낸 최초의 사례에 속
한다. 하지만, 신기에 가까운 업무능력의 소유자로 주인공을 미화한 부분

은 드라마의 맹점이다. 고용안정이 누락된 비정규직에 정규직 이상의 실력발휘를 기대하는 것은 그야말로 난센스다. 이후 등장한 드라마 〈미생〉에서는 비정규직의 현실에 더욱 근접하게 묘사했다.

한국사회에서 비정규직이 급속하게 증가한 시점은 1997년 발발했던 외환위기 이후다. 당시 경제위기는 기업에서 정리해고를 자유롭게 하고 비정규직의 채용 사유 제한을 철폐하는 등의 악법을 제정하는 결과를 낳는다. 엎친 데 덮친 격으로 2000년대 이후 속도를 내기 시작한 세계화의 광풍은 비정규직을 대거 양산하는 기폭제가 되었다. 이후 2006년 9월 IMF(국제통화기금)에서는 한국의 비정규직 비율이 OECD(경제협력기구) 국가 평균비율 대비 2.5배에 달한다고 발표하기에 이른다.

신자유주의 경제의 가장 큰 폐해는 기업의 수익극대화 추구에 따른 빈익빈 부익부의 격차 확대다. 미국을 중심으로 활동 중인 초대형 금융기관 및 대기업은 더욱 많은 수익의 창출을 위해서 인건비를 줄이는 방식을 도입한다. 금융 및 기업자본은 인건비가 높은 정규직의 비율은 줄이고, 점차 비정규직의 비율을 높여 나가는 방식을 선호할 수밖에 없다. 회사의 신규 인원 채용 및 대기업에 속한 하청업체에 이르기까지 비정규직의 일반화 현상은 범세계적 이슈로 부각 중이다.

2011년 대한민국 비정규직 비율은 통계청 자료에 의하면 약 600만 명으로 전체 근로자의 50%에 달하는 엄청난 수치다. 이는 비정규직 비율이 15% 정도인 유럽에 비해 무려 세 배가 넘는, 높은 숫자다. 한국발 비정규직 사태는 2007년 발발했던 이랜드의 자회사인 홈플러스의 비정규직 대량해

고사태를 필두로 2008년 기륭전자에서 문자메시지로 비정규직 해고를 감행했던 사건, 2011년 홍익대학교에서 일하던 비정규직, 즉 청소부, 시설관리원, 경비원 대량 해고사태 등 수많은 비정규직 해고가 잇따르고 있다.

경제학자 우석훈의 저서 『88만 원 세대』에서는 고용불안에 시달리는 2007년 전후 한국의 20대를 88만 원 세대라고 지칭했다. 그는 한국에서 일하고 있는 전체 비정규직의 평균임금 119만 원에 20대 평균급여에 해당하는 74%를 곱하면 88만 원이라는 숫자가 나온다는 근거에서 88만 원 세대를 설명하고 있다. 저자는 대한민국이라는 땅덩어리에 사는 20대는 TV를 포함한 미디어매체에서 시키는 대로만 소비를 반복하는 꼭두각시라고 지적한다. 이런 소비마케팅의 종속변수로만 20대가 존재한다고 말한다. 공룡처럼 커져만 가는 비정규직의 차별 속에서 정규직이라는 자리는 지금의 20대, 즉 88만 원 세대에게 남은 마지막 탈출지라고 언급한다. 우석훈은 지금 우리나라의 88만 원 세대에게 가장 필요한 것은 그들이 자신의 삶을 개선하기 위해 필요한 짱돌이지, 토익이나 토플점수가 아니라고 강조한다.

그들만의 리그

'50%의 법칙' 속에는 대한민국 비정규직의 현실이 숨어 있다. 직장에서 급여를 받는 인력 중 무려 절반가량이 비정규직이다. 이들은 항상 비정규직이라는 멍에와 함께 불투명한 미래에 대한 불안과 고통을 떠안고 살아간다. 이루 말할 수 없는 상실감을 동반한 채 말이다. 능력이나 노력과 관계없이 예고하지 못한 순간 정든 직장을 떠나야 한다는 사실, 아무리 애를 써도 정규직이라는 울타리에 들어갈 수 없는 뼈아픈 현실은 자본주의가 만든 현대판 신분제도와 다를 바가 없다.

비정규직의 천국이라는 또 하나의 탈진사회는 정상적으로 일할 수 있는 절반의 인력을 좌절의 늪에서 빠져나오지 못하게 만드는 족쇄다. 지금이라도 늦지 않았다. 그들에게도 공생의 기회를 주어야 한다. 적어도 한국경제를 이끌어 가고 있다고 목에 힘을 주고 있는 기업이라면 비정규직 처우개선에 대해서 이제라도 눈길을 돌려야 한다.

정부의 비정규직에 대한 미온적 태도도 개선해야 할 부분이다. 김대중 정부는 1997년 발발했던 외환위기의 결과를 고스란히 떠안아야만 했다. 그들은 경기활성화가 곧 정권유지라는 전제하에서 비정규직 활성화에 앞장서는 악수를 던진다. 물밀듯이 국내로 몰려드는 외국자본과 하루가 멀다 하고 발발하는 정리해고 사태 앞에서 정부는 위기극복을 위한 '고통분담' 차원에서 노동해체를 강요했다. 노무현 대통령으로 이어진 참여정부에서도 비정규직 이슈는 예외사항이 아니었다. 노무현 정부는 비정규직화가 글로벌시대의 국민경제발전에 필수적이라는 '운명론' 카드를 들고 나온다.

2008년 〈경향신문〉이 주최한 비정규직 관련 토론회에서 당시 진보신당 심상정 공동대표는 노동자의 비정규직화가 김대중-노무현 정부 시절을 거치면서 '성장을 위한 필수적 전제'라는 이데올로기로 공고화됐다며 '비정규직은 성장주의의 볼모'로 전락했다고 지적했다.

심 대표는 우리나라에서 비정규직-저임금 일자리가 양산되는 것은 '정부의 강력한 노동유연화 정책에 기초해 수익극대화를 꾀하는 기업의 성장전략이 전투적으로 추진된 점'과 '이에 대한 노동조합과 노동자 정당의 취약한 대응이 맞물린 데서 비롯된 것'이라고 분석했다.

마지막으로 기업과 정부에 이어 사회전반에서 비정규직을 바라보는 편향된 시각에 대한 문제다. 파시즘의 사생아였던 히틀러는 무려 600만에 달하는 유대인 학살을 주도한다. 개인적 감정으로부터 촉발한 히틀러의 유대인 차별정책은 게르만 민족의 패권주의를 유지하기 위한 도구로 작용한다. 상식적으로 이해할 수 없는 유대인 박해에 독일인들이 총칼을 들고 동참했던 이유는 의외로 단순했다. 2차 세계대전 당시 독일은 히틀러 정권의 유지를 위해서 국민들을 단결시키는 전시정책이 필요했다. 물론 폭압의 대상이 유대인만은 아니었다.

정규직과 비정규직의 능력은 종이 한 장의 차이다. 현대판 유대인으로 추락한 비정규직의 현실을 직시하자. 엉터리 신분제도가 판을 치던 중세시대로 회귀할 것인가? 이 열쇠는 기업과 정부가 쥐고 있다.

'소수의견'만이 살 길

요아힘 C. 페스트의 책 『히틀러 평전』에서 "1941년 5월 프레치에서 열린 나치스 모임에서 히틀러 총통의 명령으로 특수부대 지휘자들에게 모든 유대인, 아시아 소수민족, 공산당 간부, 집시 처형명령이 전달되었다."라고 나와 있다. 히틀러는 이런 범죄행위를 통해 전쟁에 동원되는 독일민족 전체를 전범으로 모는 정책을 추진했다.

정치적 이슈가 발발하면, 여론의 흐름은 다수의견에 맹종하는 무기력한 경향을 보인다. 다수결의 논리가 주류를 이루면, 소수의견은 늘 지면 아래로 사라진다. 2002년 한일월드컵이 대표적인 예다. 붉은 악마들이 광화문과 시청광장으로 집결했던 이유는 하나였다. 축구. 정치적인 이슈가 아닌, 스포츠라는 명목으로 한국의 국민이 집단 무의식 사태에 빠진 기억이 있었던가?

나는 2002년 월드컵 열기를 상기하면서 민주화와 대통령 직선제 개헌을 위해서 전 국민이 하나로 뭉쳤던 1987년 6월 항쟁을 떠올렸다. 소수에 의해 발발한 민주화운동은 정권의 판단 여부에 따라서 테러 또는 반국가적 음모로 비하되기에 십상이다. 하지만, 연령 여하를 막론하고 국민 대다수가 동참하는 민주화운동은 정치역사적으로 인정해야 하는 정당한 시위로 격상한다.

당시 축구에 관심이 없는 사람도 엄연히 존재했다. 한국축구를 응원할 마음이 없는 국민 또한 대한민국 국민이다. 이것이 바로 소수의견이다. 축구응원을 하든, 그렇지 않든 같은 사회에서 숨 쉬고 살아갈 수 있을 때, 우리는 이를 선진국이라고 부른다. 불행히도 당시 분위기는 그렇지 않았다. 집단 히스테리에 빠진 축구열기에서 한국축구문화에 대한 비판 발언을 하는 미디어나 정치가, 기업인, 연예인은 단 한 명도 없었다. 이것이 다수의견에 맹종해야 하는 여론의 한계이자 비극이다.

비정규직 문제도 이와 비슷하다. 이제는 너무 먼 길을 달려와 당연한 존재가 된 사회계급이 비정규직이다. 우리는 어디서든 쉽게 비정규직 인력을 발견할 수 있다. 정규직으로 편입된 자들 또한 안심할 수 없다. 자칫하면 비정규직으로 편입되는 일이 허다하기 때문이다. 정규직은 늘 한정되어 있지만 비정규직은 무한증식을 목표로 한다. 비정규직 문제는 국민을 왼쪽과 오른쪽으로 가르는 정치이슈 이상으로 커다란 사회적 문제다.

인간이나 사물 혹은 현상의 단면을 보고 '당연히 저럴 것이다.'라고 미리 짐작하여 판단하는 오류를 우리는 '일반화의 오류'라고 말한다. 대표적인 예가 천동설과 지동설 이론이다. 일반화의 오류가 난무하는 세상은 탈진사회의 특징이기도 하다.

기업의 존재이유가 수익의 극대화라면 사회의 존재이유는 복지의 실현이다. 누구도 평생토록 정규직으로 살아남기는 불가능하다. 어제의 비정규직이 오늘의 정규직이 될 수는 있다. 하지만, 이런 확률은 정규직이 비정규직으로 바뀌는 확률에 비해 극히 미약하다. 전 국민의 비정규직화. 그리고 전 국민의 정규직화. 당신이라면 어떤 선택을 할 것인가?

전국 800만 비정규직이 탈진사회에서 벗어나는 길은 국민 간, 사회 간 연대에 있다. 그대, 계급이 없는 행복한 사회를 바라는가? 그렇다면 연대하라. 자신의 살점을 떼어줄 수 있는 따뜻한 용기가 필요한 시점이다. 탈진사회는 비정규직 문화가 판을 치는 사회다. 비정규직 문화가 사라지는 순간, 탈진사회를 둘러싼 철조망이 걷힐 것이다.

우리 곁에 사는, 우리와 똑같은 물을 마시는 비정규직을 사랑하자. 그들에게는 산소가 필요하다. 자신이 마셔야 하는 산소를 포기하지 않는 이상, 비정규직 문제는 '강 건너 불'로만 남을 것이다. 연대하라.

우리는 지금까지 한 번도 경험하지 못한 자본주의의 새로운 단계를 맞이하고 있다. 지금까지 우리가 떠받들어 온 모든 경제적 토템은 하나둘 허물어지는 중이다. 그 자리에 대신 들어서는 것은 역사의 새로운 시대에 걸맞는 상업적 우상이다. _제러미 리프킨

17

소유의 종말

소개한 문장은 사회비평가인 제러미 리프킨의 저서 『소유의 종말』에서 발췌한 내용이다. 제러미 리프킨은 『소유의 종말』을 통해서 근대 산업시대의 결과물인 자본주의하에서 싹튼 소유의 개념을 정의하고 있다. 경제적 부가가치인 돈을 벌기 위해서 일하는 모든 행위를 노동이라고 칭할 때, 지구상에 존재하는 경제노동자는 자본가의 우산하에 놓여 있다. 제러미 리프킨은 자본주의 역사의 흐름하에서 상업적 우상이라는 새로운 경제적 토템(Totem, 신성하다고 여기는 부족 또는 씨족사회의 상징물)의 등장을 예견한다.

제러미 리프킨은 네트워크 경제의 탄생, 상품의 점진적인 탈물질화, 물질적 자본 비중의 감소, 무형자산의 부상, 물품의 순수한 서비스로의 변신, 생산 관점을 밀어내고 사업의 중심축으로 자리 잡은 마케팅, 모든 관계와 경험의 상품화라는 현상을 통해 21세기 자본주의를 설명한다.

그는 형체가 분명한 물질의 소유가 아닌, 사람들이 시장과 재산 교환을 뒤로하고 접속의 시대로 나아가는 여정을 소유의 변화과정이라고 말한다. 따라서 첨단 글로벌시대에서 벌어지는 자본주의 구조 변화의 핵심은 미디어를 포함한 접속방식으로 소유방식이 변화한다는 것이다.

하지만, 제러미 리프킨이 예견한 접속을 통한 소유로의 변화는 현대사회의 자본가들에게 정확히 적용되고 있지 않다. 왜냐하면 제러미 리프킨이 말했던 접속방식으로의 소유는 비용적 측면이 생략되었기 때문이다. 접속방식의 소유는 자본가와 비자본가와의 영역이 무색할 정도로 치러야 하는 물질적인 대가가 그다지 크지 않다는 사실을 제러미 리프킨은 간과하고 있다.

예를 들어 지하철을 타 보면 절반 이상의 사람들은 스마트폰을 만지작거리고 있다. 그들은 텔레비전, 라디오, 오디오, 오락기기, SNS, 인터넷 기능을 모두 갖추고 있는 접속기기인 스마트폰을 빈부차이에 관계없이 소유한다. 얼리어댑터를 제외하고는 누구나 비슷한 기능의 스마트폰을 사용한다. 그렇지만 수백만 원을 호가하는 명품, 수입차, 고급음식점, 부동산 등은 여전히 부를 상징하는 존재로 여겨지고 있다.

제러미 리프킨은 소유의 방식에 있어서 비물질적 방식을 추가해야 한다는 점을 정확하게 인지했다. 하지만, 이를 자본주의라는 상업적 매개이론과 병치하는 데에는 성공하지 못했다. 그렇다면 탈진사회에서 접속이 아닌 방식으로 소유의 종말을 고하는 요소는 어떤 것이 있는지 알아보자.

강남의 역사는 미국 자본주의의 역사다

작가 황석영은 장편소설 『강남몽』을 통해서 1960년대 이후부터 숨 가쁘게 달려온 한국 자본주의의 역사를 서술한다. 사건의 무대는 1995년 6월, 무려 1,500여 명의 사상자를 낸 강남의 삼풍백화점이다. 황석영은 강남의 상류층 고객들이 백화점에서 쇼핑에 열중하는 동안 서서히 붕괴가 진행되는 삼풍백화점이라는 장소를 통해서 한국 자본주의의 허상을 비판한다.

소설 『강남몽』의 등장인물이 부를 축적하는 방식은 간단하다. 1970년대부터 본격적으로 개발이 시작된 강남지역의 땅투기, 이를 둘러싼 정치가 및 조직폭력배와의 공생관계, 일하지 않고도 손쉽게 부를 습득하는 부동산 임대사업 등이 대표적인 예다. 저자는 강남을 기반으로 수백억 원대의 재산을 투척한 등장인물을 자본의 소유 여부에 따라 계급이 결정되는 탈진사회의 일그러진 생존자로 묘사하고 있다.

강남지역에서 성장한 부잣집 아이의 기준은 부모가 아닌 조부모의 재산 정도에 따라서 결정된다. 제1세대 강남부자로 살고 있는 조부모 세대의 재산이 손자의 미래를 결정한다는 것이다. 태어나면서 어떤 조부모를 두었는가가 부자의 기준이 되는 사회는 현대판 노비사회. 상상을 초월하는 자본의 세습과정을 지켜보는 나머지 무산계급은 성장하면서부터 탈진사회를 경험한다. 그렇다고 해서 이러한 소유의 악순환을 복권당첨자를 구경하듯이 무기력하게 바라볼 수만은 없는 일이다.

인간을 돈으로 구분 짓기 하는 자본주의는 탄생 당시만 해도 사회에서 강요된 규칙이 아니었다. 자본주의는 인류사회에서 경제적 상호작용으로 통용되던 재화의 교류방식이었다. 그러나 현대 자본주의는 무소불위의 권력을 가진 일종의 시민 통제기구로 존재한다. 소유의 방식을 송두리째 바꿔버린 자본주의란 어떤 괴물일까?

마르크스가 말하는 탈진사회

2000년대 초반, 영국 BBC에서는 "지난 세기 동안 가장 중요했던 인물은 누구인가?"라는 질문으로 설문조사를 했다. 정답은 아인슈타인도, 뉴턴도, 다윈도 아니었다. 영국인들이 뽑은 역사상 가장 위대한 사상가는 놀랍게도 『자본론』의 창시자인 카를 마르크스였다.

마르크스의 유령은 지금까지도 자본주의 흥망성쇠의 역사를 말할 때 빠지지 않고 등장하는 단골손님이다. 아니, 마르크스 없이는 자본주의 역사 자체를 논할 수 없다. 물론 마르크스는 빛의 속도로 변하는 현대 미디어사회나 프롤레타리아 혁명의 미래를 밝혀내지 못했다.

마르크스는 인생 대부분을 영국 런던에서 은둔하며 대영박물관의 기록물과 서적에 파묻혀 지냈다. 헤겔 철학의 영향을 받았던 마르크스는 19세기 초반 급진적 사회변화를 추구하는 유럽사회의 변화과정에서 자신의 학문적 기초를 다져 나간다.

마르크스는 물질세계가 풍요로워질수록 소외된 존재들의 세계도 커지며 그 세계의 인간은 억압받고, 새로운 상품은 상호 간에 기만과 약탈을 가능하게 하는 힘이 된다고 말했다. 또한, 상품 하나하나는 타인과 타인의 돈을 끌어 오기 위한 유혹의 미끼라고 지적했다.

그는 상업주의로 물든 화려한 물질문명 속에서 현대인들이 진정으로 행복해질 수 없는 이유가 무한자본을 추구해야 하는 자본주의 시스템에 있다고 비판했다. 이러한 마르크스적 방법론은 인간의 본성이 개인의 내면에 자리한 추상적 개념이 아니라, 현실에서 존재하는 사회적 관계의 조화라는 실천철학적 성격을 의미한다.

"돈은 인간노동과 삶을 소외시키는 정수이며, 인간이 돈을 숭배하면 할수록 돈이 인간을 지배하게 된다."라고 마르크스는 말한다.

자본주의의 허상을 폭로한 학자이기도 한 그는 인간사회를 단지 경제적 자본의 소유여부에 따라서 구분할 수 있다는 착시현상에 빠져 있었다. 현대사회에서는 경제적 자본뿐만 아니라 피에르 부르디외가 주장하는 문화, 교육, 정치자본 등의 분류체계에 따라서 자본의 세분화가 이루어지고 있다.

물론 마르크스가 지적한 대로 계급을 구분하는 가장 커다란 요소로서 경제적 자본의 소유 여부가 신자유주의 시대에서 계급을 형성하는 토대가 되는 것임에는 이견이 없다. 하지만, 이를 극복하기 위한 대안으로 경제적 자본이 아닌, 문화자본 등의 요소가 전방위적인 영향을 미치고 있음을 마르크스는 인지하지 못했다.

탈진사회에서 소유란 인간의 가치를 단순히 자본의 소유 여부로만 판단하려 드는 사회적 매개가치다. 따라서 탈진사회에서 부를 가지지 못한

자에게는 계급적 차별이 따른다. 과거 인간의 계급을 양반과 상놈, 귀족과 천민 등으로 구분했다면 탈진사회에서는 돈이 많고 적음에 따라서 계급을 결정한다. 탈진사회에서는 개인이 소유한 학력도, 경험도, 지식도, 예술적 가치도, 화폐자본의 하부구조에 위치한다.

물질을 숭배하는 사회에서 인간의 가치는 자본에 끌려다니기 마련이다. 또한, 자본을 얼마나 소유했는가를 떠나서 소유한 자본을 얼마만큼 소비하느냐에 따라서 계급의 고하가 결정된다. 소비하지 않는 자는 진정한 자본가로서 사회적 의미와 가치를 가지지 못한다. 탈진사회에서는 소비하는 자만이 귀족의 대우를 받는다.

신자유주의라는 이름의 유령

마르크스가 주장했던 자본주의 사회를 거쳐 후기 자본주의 시대가 도래한다. 후기 자본주의란 에르네스트 만델(Ernest Mandel)의 저서 『후기 자본주의』(1975)에 등장한 용어다. 만델이 말하는 후기 자본주의의 단계란 자본주의 발전과정에서 볼 때 시장자본주의, 독점자본주의 이후에 등장한 다국적 자본주의를 의미한다.

만델이 예견한 다국적 자본주의는 이후 신자유주의라는 용어로 변신한다. 1970년대발 경제위기는 관리경제를 주장했던 케인스주의 이데올로기의 문제점을 드러내는 사건이었다. 경기불황에 대비하기 위해 국가가 직접 국민들의 소비촉진 정책을 주도한다는 케인스주의는 자유방임주의적 시장정책과는 반대의 편에 서 있는 이론이었다.

미국과 영국은 1970년대를 휩쓸었던 경제위기에서 탈출하기 위해 기업 구조조정을 단행하고 노동자 조직을 파괴하는 탄압정책을 감행한다. 1980년대 초반 레이건과 대처가 주도했던 시장자본주의 체제는 결국 지배계급에 더 많은 부를 축적하게 하는 결정적 계기로 작용한다.

신자유주의란 자본주의 경제의 근본적인 불안정성을 전제로 정부의 적극적 개입을 내세운 케인스주의가 쇠퇴하면서 재등장한 신고전파 경제학 전통을 이어받은 이념이다. 신자유주의는 개방화, 자유화, 민영화, 탈규제, 탈복지 등을 특징으로 한다. 신자유주의 이론은 1970년대 후반부터 국민경제에서든 국제경제에서든 국가나 정부 차원의 모든 인위적인 개입을 공격하면서 자유시장의 논리를 설파하는 데에 성공한다.

자본주의 이데올로기의 사생아인 신자유주의는 세계경제의 부흥은 고사하고 국가 간 그리고 민족 간 빈부격차를 강화하는 촉매제로 전락한다. 나이키, 맥도날드, 스타벅스 등 다국적 기업의 수익을 증대하기 위해서 국가 간 경제장벽을 없앤다는 신자유주의 정책 뒤에는 다국적 기업을 소유한 강대국, 즉 미국을 위시한 패권주의 국가들의 독과점 논리가 숨어 있다.

이러한 독과점 논리를 따르면, 정치경제적으로 뒤처진 동남아시아나 아프리카, 남미국가는 무차별적으로 시장을 석권하는 다국적 기업의 소비지역이자 하청공장으로 존재할 수밖에 없다. 자연히 다국적 기업을 소유한 국가는 시간이 흐를수록 경제자본의 축적을 늘려간다. 반대로 다국적 기업을 상대해야만 하는 저개발 국가는 가난의 악순환 속에서 허덕여야 한다.

국가 간 빈부격차는 여기서 끝나지 않는다. 울며 겨자 먹기로 자본주의 시스템을 수용해야 하는 국가에 사는 국민의 삶 역시 저개발 국가의 처지와 크게 다르지 않다. 다국적 기업의 총탄을 받아내야 하는 국가와 국민의 삶은 탈진사회의 모습 그대로다.

시장자유화란 자본가와 다국적 기업만을 보호하는 제도에 불과하다. 자본을 독점하고 있는 기업이나 개인은 이를 옹호하는 정부의 전방위적인 지원하에서 더 많은 부를 쌓을 기회를 움켜쥔다. 반면 이러한 경제적 혜택에서 이탈한 중산층 또는 하류층 계급은 그나마 자신의 경제자본마저도 내놓아야 하는 상황에 부닥치기 마련이다. 신자유주의 사회에서 계급 간 또는 민족 간 연대란 존재하지 않는다. 노동자의 심장이 멈추는 그날까지 계급 간에 발생하는 경제자본의 착취는 멈추지 않는다.

우리는 보이거나 보이지 않는 재화를 소유하기 위해 자신을 상품화한다. 그리고 끊임없이 노동시장에 자신을 투입한다. 소유의 개념을 살펴보자. 이는 부동산, 돈, 명품, 자동차, 음식, 의류 등 유형의 재화가 있는가 하면 서비스, 정보, 지식이라는 무형의 재화도 존재한다. 무형의 재화는 가격으로 환산하는 데 어려움이 있지만, 유형의 재화는 가격 책정이 용이하기 때문에 사람들은 소유의 개념을 주로 유형의 재화에 한정하는 경향이 있다.

중요한 것은 "우리에게 정말 필요한 재화가 무엇이냐?"라는 질문을 스스로에게 던질 수 있어야 한다는 거다. 충동구매 또는 모방구매는 정상적인 소유의 기능을 마비시키는 마약 같은 존재다. 현대 자본주의 사회에서 기업이 소비자에게 요구하는 소유의 개념은 무한 소유에 가깝다. 기업은 소비자들의 지갑 속에 있는 마지막 한 푼까지 털어내기 위해 최선을 다한다.

기업은 소비자의 지출을 유도하기 위해서 전방위적인 광고와 마케팅을 반복한다. 소비자는 자신이 원하는 재화보다는 주위 사람들이 구매하는 유행성 재화에 눈길을 끌기 마련이다. 그리고 이러한 소비의 악순환은 경기호황이라는 지상과제에 올인해야 하는 정치가들의 이해관계와 깊숙이 맞물려 있다. 따라서 국가정책 입안자들은 기업가의 욕망에 상응하는 소비환경을 조성하는 데 전력을 다한다. 결국, 무지한 소비자들은 자신이 주도하는 소유의 삶이 아닌, 기업가가 원하는 형태의 재화를 부지불식간에 반복소비하는 패턴을 보이기 마련이다. 여기에서 탈진사회에 드리워진 검은 그림자를 확인할 수 있다.

분명히, 약점은 있다

탈진사회에서 우리가 원하는 소유의 정체는 무엇일까? 인문학자들이 강조하는 인간적 삶의 범주에 포함되는 바람직한 소유의 형태는 과연 무엇일까? 정답은 소망, 사랑, 평화, 자연, 연대, 환경이라는 인문학적 가치를 함유한 무형의 재화다.

앞에 소개한 인문학적 가치를 지니는 재화들은 돈과 교환할 만한 형태의 재화가 아니다. 이러한 가치는 친환경 음식이나 공기청정기 정도를 제외하고는 기업에서 생산 자체가 어려운 무형의 재화에 속한다.

우리는 무엇인가를 소유하기 위해서 자신의 노동력을 탈진사회에 투입한다. 이러한 과정에서 발생하는 일중독, 산업재해, 가치관의 붕괴, 물질 우선주의, 인간성 상실, 정신 및 육체건강의 상실, 쇼핑중독, 약물중독 등은 고스란히 소비자이자 노동자의 몫으로 돌아간다.

소유의 시스템은 충동구매를 반복하는 어리석은 소비자들을 양산하는 특징을 갖고 있다. 소비자는 자유의지에 기분을 둔 소유의 공식과는 관계없는 무한 소비시장의 마루타로 존재할 뿐이다. 개인주의가 발달한 서구사회보다 사회적 관계망이 권위적인 형태를 띠고 있는 아시아권 국가들의 경우, 이러한 소유시스템에서 벗어나기란 쉽지 않다. 결국은 자신 스스로가 소유에 대한 가치관을 정립해야 한다.

탈진사회의 구조망은 상상하는 것보다 훨씬 촘촘하고 단단하게 짜여 있다. 자신 스스로가 피해자인 동시에 가해자로 존재하는 피로사회에서 출발한 탈진사회는 그 독성이 엄청나다.

마치 닭장 속에 갇힌 폐사 일보 직전의 닭처럼 탈진사회에서는 일회용 인간들을 교육하고, 감시하고, 처벌하고, 유혹하고, 협박한다. 탈진사회의 전방위적인 공격에서 정신, 육체적으로 완벽하게 자유로운 인간은 존재하지 않는다. 하지만, 탈진사회에서 강조하는 소유의 개념에도 분명히 약점은 있다.

짐 캐리의 초상

영화 〈트루먼 쇼〉에서 주인공으로 등장하는 배우 짐 캐리는 자신이 태어나서 살고 있는 사회가 커다란 방송국 무대였다는 사실을 깨닫는다. 짐 캐리의 일거수일투족이 몰래 카메라처럼 수많은 텔레비전 시청자에게 생방송 되고 있다는 사실은 사생활마저 상품으로 팔리는 미디어 세계의 민낯을 보여주는 대목이다. 영화의 마지막 장면에서 짐 캐리는 자신이 살아왔던 삶을 내던지고 새로운 모험을 시작한다.

영화가 끝난 뒤에 펼쳐질 짐 캐리의 실제 삶은 어쩌면 불행과 고난의 연속일지도 모른다. 그렇지만 영화 〈트루먼 쇼〉를 감상하는 청중들은 스크린 속의 삶에서 과감히 탈출하는 짐 캐리의 용기에 응원의 박수를 보낸다. 그들은 영화를 감상하기 위해 극장에 찾아온 자신의 모습이 바로 짐 캐리의 초상이라는 사실을 깨닫는 데에 그리 오랜 시간이 걸리지 않는다.

탈진사회의 빛과 그늘은 영화 〈트루먼 쇼〉에서 정확히 만날 수 있다. 우리가 부지불식간에 수용했던 삶의 방식들을 새로운 각도에서 조망할 수 있는 용기가 있다면 탈진사회에서 만들어낸 소유라는 그물망을 뚫고 나아갈 수 있다. 유형의 재화보다는 무형의 재화에 가치를 둘 수 있는 심미안까지 갖춰진다면 당신은 이미 탈진사회와의 싸움에서 절반의 승리를 거두고 있는 셈이다.

자기 자식들을 동원해서 뭔가를 이뤄냄으로써 자신의 공허함을 채우려 하는 것. 이런 것이 특수한 가정에서 일어나는 게 아니라, 사회전반에서 일어나는 공통의 현상, 보편적인 현상으로 나타나고 있다면, 그건 국가 자체가 위험한 것이다. _신해철

18

그대, 과연 살아남을 것인가

사회구조적 요인, 자본계급의 등장, 인문학적 가치의 실종, 소비, 미디어, 교육제도, 비정규직 문제, 위인의 민낯, 상상력이 사라진 세상, 디스토피아, 시간, 1%의 법칙, 소유의 종말에 이르기까지 우리는 탈진사회를 구성하는 요소들을 살펴보았다.

세상은 있는 그대로의 모습으로 우리 앞에 존재하는가? 아쉽게도 그렇지 않다. 인간은 학습을 통해서 세상을 구성하고 있는 배경, 즉 역사, 정치, 사상, 철학, 사회 등에 대한 복합적인 지적 자양분을 흡수한다. 적게는 수년간, 많게는 십 년이 넘는 시간을 투입해야만 파악이 가능한 일이다. 세상의 모습은 보이는 것과는 전혀 다른 모습으로 존재한다는 사실을 깨닫는 자는 소수에 불과하다.

파악단계가 지나면 인간은 다시 두 가지 모습으로 재생산된다. 한 가지 부류는 방관자들이다. 방관자란 세상을 구성하는 이데올로기를 어느 정도 알고 있지만 행동하지 않는 자들이다. 폴리페서, 엘리트 공무원, 성공한 사업가, 정치가, 연구기관의 대표자들이 이에 속한다. 그들은 자신의 행동반경을 스스로 통제한다. 그들은 탈진사회 속에서 자신의 밥그릇을 챙기는 방법을 스스로 터득한다. 그들은 사회참여를 배제한 상태에서 자신의 몫인 명예, 자본, 권위 등을 대가로 섭취한다.

다음으로 적극적인 사회참여를 실천하는 이들이다. 이들 또한 방관자들과 비슷한 학습단계를 거치지만, 아는 것을 행동으로 실천한다는 점에서 커다란 차이가 있다. 환경보호운동가, 반전주의자, 사회봉사활동가, 아나키스트, 노동운동가, 문화비평가, 무명 문화예술인 등이 이에 속한다. 이들은 탈진사회 자체를 부정한다기보다 탈진사회 속에서 인간이 인간답게 살아남는 방법에 대해서 고민하고 새로운 해결책을 만들어내기 위해서 연대를 형성하기를 주저하지 않는다. 이러한 실천가 집단은 탈진사회를 유지하려는 부류인 자본가, 집권지도층, 극단적 보수성향의 정치가들에게 늘 부담스러운 존재다.

사회참여를 실천하는 이들에게는 늘 변화라는 과제가 놓인다. 그들 앞에는 탈진사회에서 넘어야 할 수많은 난제가 산적해 있다. 사회참여자들에게는 통제와 견제라는 사회적 압박이 사냥개처럼 따라다닌다. 이는 변화를 추구하는 이들이 감수해야 할 일종의 통과의례다. 하지만, 그들은 쉽게 좌절하지 않는다.

그리고 탈진사회의 비즈니스석을 타기 위해서 변화의 과정에서 중도에 하차하는 이들이 존재한다. 그들은 자신들의 원래 모습, 즉 사회참여자로 활동하던 시절의 전력을 재산으로 탈진사회의 주역이 되고자 하는 회색인간이다. 그들에게서는 변절의 향기가 풍긴다. 중도하차 계층은 애초부터 탈진사회의 일원으로 흡수되기를 염원하는 이들보다는 그나마 개선의 여지가 남아 있는 부류다.

일개 부속품

여기서 질문 하나. 다음 인물은 누구일까? 미국 프린스턴 대학 졸업, 하버드 대학에서 석·박사, 컬럼비아 대학 석좌교수 역임, 미숙 학술원회원, 예일대, 하버드대, 스탠퍼드대, 존스 홉킨스대 객원교수. 얼핏 읽어 보면 군침이 날 만한 이력이다. 말 그대로 탈진사회의 수장으로 위치이동을 할 만한 경력에 속한다.

다음 이력을 살펴보자. 팔레스타인 국가평의회 의원, 팔레스타인 출생, 가족과 함께 나치의 탄압을 피하기 위해 이집트로 이주, 문명비판론자, 중동문제를 해결하기 위해 다양한 사회운동에 참여. 내용만 보아서는 급진주의자 또는 사회운동가로서 탈진사회의 압박을 받았던 인물이라는 느낌이 든다.

소개한 모든 이력의 소유자는 에드워드 사이드라는 학자다. 행동하는 지식인이었던 에드워드 사이드는 자신이 미국 주류사회에서 연착륙할 수 있었던 화려한 사회경력을 뒤로하고, 스스로의 정체성을 지키고자 노력했던 인물이다. 그는 후기 자본주의의 역사적 혜택을 가장 많이 받았던 국가인 미국이라는 탈진사회에서 많은 학생의 존경과 찬사를 받았던 인물이기도 하다.

에드워드 사이드는 탈진사회에서 벗어나려는 이들을 지성인이라고 정의한다. 그는 지성인이란 옳은 것을 선택하고, 그런 다음 가장 최선의 것을 행할 수 있고, 올바른 변화를 가져올 수 있는 곳에서 진실을 지성적으로 재현하는 것이라고 강조한다. 또한, 에드워드 사이드는 지성인은 탈진사회를 감시하며, 기존 탈진사회에 대해 저항하고 반응할 여유공간을 가져야 한다고 역설한다. 이유는 오늘의 세계, 탈진사회에서 권위에 대한 조건 없는 복종이 적극적이고 도덕적이며 지성적인 삶에 가장 커다란 위험이 되기 때문이라고 설명한다.

에드워드 사이드는 탈진사회에 저항하는 지성인이 넘어야 할 난관에 대해서 말하고 있다. 그는 지성인이 되기 위한 방법은 어떤 기관에 얽매이지 않고, 어떤 체계의 명령에 따라 의식 없이 행동하는 기계가 되지 않으면서, 참여를 통해 탈진사회를 개조하는 것이라고 말한다. 결국, 한 지성인으로서 능력을 다해서 적극적으로 진실을 재현하느냐, 아니면 피동적으로 후원자 또는 당신이 지시받도록 허용하느냐의 사이에서 선택할 수 있는 사람이라는 것을 지속해서 스스로에게 상기시키는 것만이 탈진사회에서 벗어나는 자세라고 그는 강조한다.

지금까지 피로사회의 업그레이드 버전인 탈진사회의 모습에 대해서 살펴보았다. 또한, 에드워드 사이드의 이론을 포함하여 각 장마다 서술한 탈진사회의 탈출법에 대해서도 알아보았다. 중요한 것은 당신의 심장이 어느 쪽을 향하고 있느냐에 달려 있다.

그대는 탈진사회의 정체를 파악했다. 이미 당신은 탈진사회를 무너뜨리기 위한 절반의 시작에 동참한 셈이다. 인류가 추구하는 행복의 정체가 탈진사회에서 유도하는 일종의 덫이라는 사실도 깨달았다. 당신 또한 탈진사회에서 조종당하고 있는 일개 부속품에 지나지 않는다는 사실도 인지했다.

어느 날 깨어 보니 당신은 탈진사회라는 커다란 감옥에 갇혀 있다. 당신과 함께 숙식하고 남은 형기를 채워야만 하는 동료죄수마저도 자신이 탈진사회에 갇혔다는 사실을 알고 있지 못했다. 그렇다고 해서 남은 형기를 동료들과 함께 아무 생각도, 자각도 없이 보내야 할 것인가?

당신은 이미 탈진사회를 벗어날 수 있는 열쇠를 쥐고 있다. 이제 남은 것은 당신이 움켜쥔 열쇠를 넣을 수 있는 구멍을 찾는 일이다. 절반의 시작에서 주저하지 말자. 여기서 포기하면 당신은 다시 탈진사회라는 악령의 마을에 거주하는, 그렇고 그런 사람으로 전락할 것이다.

탈진사회에서 밝은 미래란 존재하지 않는다. 탈진사회를 조종하는 이들이 비추는 노란 불빛에 현혹되지 말자. 세상이 어두워질수록 유혹의 불빛은 화려하게 보일 뿐이다. 중요한 것은 불빛 속에 숨어 있는 어둠의 실체다. 그것이 탈진사회의 모습이기도 하고.

그대, 과연 살아남을 것인가?

홍길동의 법칙
의문과 의심

옛날 옛적에 피구라는 공놀이
게임이 있었다. 이 게임은 초등학교 시절, 전교생이 즐기는 일종의 집단놀
이였다. 놀이규칙은 간단하다. 공을 던져서 상대방을 맞춘다. 공에 맞은 상
대방 선수는 선 밖으로 사라진다. 다시 공을 던진다. 시간이 흐를수록 살
아남은 사람은 차곡차곡 줄어든다. 이렇게 누군가가 끝까지 살아남는 팀
이 이기는 거다. 끝까지 살아남은 사람은 선수들의 환호와 함께 승자의 기
쁨을 누린다. 무승부는 없다. 마지막 한 명까지 공으로 맞추면 피구게임은
끝이 난다.

　피구게임이 말하는 승자의 규칙은 중고등학교, 대학교를 거치면서 사
람들의 삶 속에 각설탕처럼 스며든다. 불편한 현실이지만 우리는 학교에

서 살아남는 법을 배운다. 우리가 성장하면서 조금씩 학습하는 사회라는 집단무의식 체제는 승자독식의 룰을 철저하게 따른다.

목소리가 크든가, 주먹이 세든가, 아니면 돈이 많든가, 그것도 아니라면 거짓말이라도 잘해야 버틴다. 물론 교과서에 그렇게 쓰여 있지는 않다. 인정하기 싫지만, 사회는 일등만을 기억하는 거대한 재활용센터가 되어 버렸다. 사람들은 교과서나 전공서적에 나와 있지 않은 사회의 법칙을 자의 반 타의 반으로 배운다.

행동경제학에서도 밝혀졌지만, 인간의 선택지는 그리 합리적이지 않다. 다시 말하면 자신이 원하는 것만 골라서 보는 격이다. 중요한 점은 원하는 대상이 철저하게 학습된 개체라는 사실이다. 아쉽게도 우리는 서커스단에서 두 발 자전거를 돌리는 곰처럼 학습된 현실 속에서만 살라고 강요받는다. 이유는 간단하다. 천상천하 유아독존. 즉, 인간이란 존재는 모두가 다른 개성을 가진 존재이기 때문이다. 과연 그럴까? 안타깝게도 사회라는 틀은 대부분 인간을 곰탕국물처럼 중화시키는 역할을 한다. 어깨에 시뻘건 완장만 차지 않았을 뿐, 사회는 인간이든 물건이든 집단생산관리 체제를 고집한다.

이 시점에서 혐오스러운 속담 하나를 소개한다. "모난 돌이 정 맞는다." 어떤 느낌이 드는가? 모난 돌도 싫고 정 맞기도 싫다면 그대는 탈진사회의 규격에 정확히 맞는 인물이다. 정 맞기는 심히 부담스럽지만 가끔은 모난 돌이 되고 싶다면 그대는 탈진사회의 틀을 빠져나오고 싶은 인물이다. 간절하게 모난 돌이 되고 싶고 정 맞는 것도 불사하고 싶다면 그대는 탈진사회의 감시망에 연연하지 않는 그럴듯한 인물이다. 주위에 모난 돌이 가득하고 정 맞는 일이 생활화돼 있다면 그대는 비탈진사회를 구축한 멋진 존재다.

이 책을 읽는 동안 몇 개의 항목에서 자신을 발견했는가? 모두가 자신과는 아무 상관 없는 딴 세상 이야기라면 이 책을 다시 읽을 필요가 없다. 그대는 이미 탈진사회의 전략전술을 제갈공명처럼 간파하고 있기 때문이다. 절반 정도는 자신의 이야기라고 느낀다면 문제가 있다. 탈진사회의 경계인으로 서 있는 상황이다. 세상에 경계인만큼 무책임하고 애매한 존재는 없다. 그대는 면벽수행이 필요하다. 마지막으로 불쾌하겠지만, 대부분이 자신의 이야기라면 탈진사회에서 뿌려대는 맹독가스에 신경이 마비된 상태다. 장기치유를 권한다.

인문학은 늘 '왜'라는 질문과 일심동체다. 왜, 우리는 사회적 동물일까? 왜, 우리는 탈진사회에서 살아야 할까? 왜, 우리는 평생학습을 해야만 할까? 왜, 우리는 보이는 것이 전부가 아닐까? 의문과 의심으로 시작해서 끝나는 학문이 바로 인문학이다. 따라서 인문학은 정답이 없다. 일 더하기 일은 반드시 이가 아니라는 말이다. 사지선다형 동그라미 치기에 익숙한 세대에게는 심히 부담스러운 학문이다. 그 부담스러움의 정체가 탈진사회의 뇌관이다. 부담스러움을 부담스럽다고 말하지 못하는 사회가 바로 탈진사회다. 아버지를 아버지라고 말하고 싶다면, 부담스러움은 부담스러움이라고 말할 수 있어야 한다. 이것이 홍길동의 법칙이다.

우리는 이 책에서 탈진사회의 정체가 무엇인지 알아보았다. 나를 알아야 현재가 보이고, 미래가 열리는 법이다. 탈진사회를 알아야 인간답게 살수 있고, 원하는 미래를 형상화할 수 있다. 빵도둑은 감방으로 직행하지만, 전장에서 민간인에게 총을 쏜 군인은 환영인파에 휩쓸려 귀향한다. 피부가 검은 사람은 할렘가에 모여 살아야 하고, 피부가 흰 사람은 공기 좋고 경치 좋은 마을에서 살아야 한다. 기말고사 시험에서 1등 한 학생은 좋은 사람이고, 꼴찌는 암적인 존재다. 비싼 옷을 입은 사람은 귀한 대접을, 누더기를 입은 사람은 무시를 받아도 싸다. 모두 인정하는가? 다시 한 번 생각해 보자. 보이는 것을 다시 한 번 생각하는 것. 탈진사회에서 탈출은 여기서부터 시작한다. 평생을 떠돌이 노동자로 살았던 지식인 에릭 호퍼는 자신의 저서 『인간의 존재』에서 이렇게 말했다.

"다른 의견을 제기하는 소수가 활개를 칠 여지가 있을 때만 그 사회는 자유로운 사회라고 할 수 있다. 실제로 이견이 있는 소수가 자유를 느끼는 경우는 자기의 의견을 다수에게 강요할 수 있을 때뿐이다. 소수가 가장 혐오하는 것은 다수의 반대다."

조너선 스위프트의 풍자소설 『걸리버 여행기』에서는 다수가 판치는 사회의 이면을 보여준다. 소수는 늘 외롭다. 그렇다고 다수의 삶이 행복을 보장하지 않는다. 소수는 늘 탈진사회의 압박과 견제에 시달린다. 그렇다고 다수의 생이 탈진사회에서 자유롭지는 않다. 소수는 늘 창조적이다. 다수의 평균적인 삶이 빛을 발하기는 불가능하다. 우리 모두 탈진사회에서 벗어나 당당한 소수가 되자. 자유란 하늘에서 예고 없이 떨어지는 빗방울이 아니다. 스스로가 소수이기를 각오하는 순간, 자유는 물안개처럼 그대의 심장 속으로 스며들 것이다.

인생은 마라톤이 아니다

버팀의 미학

2001년도에 마라톤을 시작

했다. 마라톤이라니? 내 팔자에 달리기는 고등학교 시절, 체력장을 통과하기 위해서 뛰어 본 게 전부였다. 종목 이름이 '오래달리기'였던가? 커다란 운동장을 땡칠이한테 쫓기는 영구처럼 돌고 돌아야 하는 오래달리기는 저질 체력이었던 내게 상당히 고통스러운 운동이었다. 그런 내가 마라톤을 시작한 이유는 내가 별 볼 일 없는 인간이기 때문이었다. 조금 더 구체적으로 말하면 인간 이봉호는 겁이 많고, 소심하고, 수동적인 타입의 인간이라는 아픈 진실을 2001년도에서야 비로소 깨달았기 때문이었다.

당시 회사에서 직급이 대리였다. 중간관리자라고 하기에는 좀 어리고, 그렇다고 평사원급은 아닌, 애매한 위치였다. 문제는 위에서 시키는 일을 조절하지 못하는 내 갑갑한 성향에 있었다. 그러다 보니 야근은 고무줄처럼 늘어나고, 스트레스로 인한 습관성 짜증에, 윗사람에 대한 불만으로 매일 투덜이처럼 보내야 했다. 게다가 일에는 관심이 없으면서 오로지 입으로 일을 때우려는 숙주 같은 팀 동료 때문에 하루하루가 지겹기 짝이 없던 시절이었다.

그해 봄이었던가. 사무실에 혼자 남아 보고서를 쓰다가 문득 모니터 화면에 비친 내 얼굴을 발견했다. 모니터에는 눈가에 다크 서클이 가득하고, 입꼬리는 불도그처럼 축 처지고, 생기라고는 찾아볼 수 없는 눈동자를 한 멍청한 월급쟁이의 면상이 보였다. 순간 여덟 살 무렵 장위동 시장에서 보았던, 페인트칠이 벗겨진 시커먼 철창 속에 갇힌 닭 한 마리가 떠올랐다. 뜨거운 눈물이 흘렀지만, 자존심 때문에 차마 오랫동안 울지 못했다.

그날 밤, 세종문화회관 앞에서 퇴근 버스를 기다리면서 결심했다. '지금부터 내가 제일 못하는 것에 도전해보는 거야'. 생각해보니 내가 못하는 것보다 잘하는 것을 세기가 더 쉬웠다. 운동, 술마시기, 도박, 말싸움, 아부, 카리스마, 운전 등 무엇 하나 제대로 하는 것이 없었다. 그날에야 비로소 깨달았다. 지금까지 나에 대해 무척이나 후한 점수를 주면서 살아왔다는 사실을.

마라톤을 시작한 것은 친구 병철이 덕분이었다. 노량진에 위치한 대입

재수학원시절 알게 된 친구가 바로 병철이었다. 자그마한 얼굴 크기에 비해서 입 크기가 만만치 않아서 내가 점지해준 녀석의 별명이 '악어'였다. 악어는 고등학교 시절 산악부 멤버였다. 따라서 악어의 걸음걸이나 행동거지를 보면 운동 꽤 한 놈의 기운이 넘실댔다.

여기는 잠실운동장. 400미터 트랙 안에 하프 마라톤 코스에 도전하는 수천 명의 건각이 모여 있다. 악어가 아니었으면 아마도 이 자리에 없었을 것이다. 간단한 스트레칭을 마치고 출발을 알리는 신호음이 터진다. '무엇이든 처음이 중요하다.'라고 말하지만, 마라톤은 처음 못지않게 마무리가 중요한 운동이다. 내 목표는 걷지 않고 2시간을 꾸준히 달리는 것이었다. 시계를 보니 벌써 한 시간을 넘게 달렸다.

마라톤에 나가기 이전에 연습 삼아 초등학교 운동장을 달려본 적이 있었다. 대충 계산해 보니 초등학교 운동장 80바퀴를 돌면 대충 하프 마라톤 코스가 나왔다. 한 시간 반이 지나자 무릎 쪽에 바늘로 찌르는 듯한 통증이 찾아왔다. 두 시간이 가까워져 오자 허벅지가 마찰로 따끔거렸다. 발목도 시큰거리기 시작했다. 그렇게 이틀에 한 번씩 미친 듯이 동네 운동장과 한강 고수부지를 달렸다.

6개월여의 준비기간을 거쳐 무사히 하프 마라톤을 완주했다. 오르막길을 달리면서 포기할까도 생각했지만 그럴 때마다 성질 더러운 팀장 얼굴이 떠올라 홧김에 계속 달렸다. 힘들 때 편했던 시절의 생각을 떠올리면 오히려 의지가 약해진다. 악어 덕분에 시작한 마라톤이지만, 완주를 도와준 이는 놀랍게도 나를 갈아 마시려고 작당한 재수 없는 팀장이었다.

1시간 58분. 목표대로 쉬거나 걷지 않고 달렸다. 달리기하면서 마약의 몇 배에 달한다는 베타 엔도르핀이 쏟아진다는 사실을 알게 되었고, 팀장이 덜 미워졌고, 비실대던 체력은 눈에 띄게 좋아졌고, 몸무게는 4킬로그램이 빠졌다. 그렇지만 출근을 하면 뺀질거리는 동료와 매일 쏟아지는 야근거리와 우울증 말기증상으로 보이는 팀장의 투덜거림은 여전했다.

나는 기억한다. 탈진의 고통을 감수하고 달리고 또 달려야만 했던 2001년의 시간을. 애써 흐르는 눈물을 참아가며 모니터에서 눈길을 돌리던 나를. 내게 미안한 미소를 건네면서 달려나가던 깡마른 악어의 뒷모습을. 왜 일하는지도 모르면서 무작정 달려왔던 서른 즈음을. 다른 사람의 목소리를 차단하고 내 주장에만 도취해 살아왔던 순간들을. 그 때문에 탈진해야 했던 주위 사람들을. 또 나를 이용해야만 직성이 풀리는 탈진사회의 좀비들을.

마라톤을 시작한 이후 내 생활에는 작은 변화들이 찾아왔다. 할 수 있는 일과 할 수 없는 일을 구별하게 되었고, 걸음걸이가 빨라졌고, 20대를 마지막으로 접어야 했던 꿈들을 하나둘씩 만날 수 있었고, 오래달리기를 못하던 내 콤플렉스 하나가 사라졌고, 한 시간을 달려주면 적어도 이 주 동안의 체력이 비축된다는 사실을 깨달았고, 탈진사회를 버티면서 사는 방법을 조금이나마 알게 되었다.

나는 달린다. 탈진사회에서 불어오는 차가운 바람을 정면으로 맞으면서, 때로는 달리기를 포기하라는 탈진사회의 달콤한 유혹에 맞서면서, 탈진사회가 던져놓은 그물망으로부터 자유로워지기 위해서 오늘도 달린다. 조금씩 호흡이 가지런해진다.

슬쩍 뒤를 돌아본다. 뒤편에는 탈진사회에서 벗어난 사람들의 모습이 보인다. 그들이 내게 손짓한다. 나 역시 그들에게 신호를 보낸다. 보폭을 좁히자 그들이 내 주위에 하나둘씩 모인다. 이제부터는 함께 달리는 거다. 땀으로 범벅이 된 사람들의 얼굴에 조금씩 미소가 번지기 시작했다.

문화중독자 이봉호

참고문헌

1. 원용진, 『대중문화의 패러다임』, 한나래, 2010.

2. 박민규, 『더블』, 창비, 2010.

3. 찰스 디킨스, 『올리버 트위스트』, 박영의 옮김, 신원문화사, 2003.

4. 애덤 스미스, 『국부론』, 유인호 옮김, 동서문화사, 2008.

5. 장 보드리야르, 『소비의 사회』, 이상률 옮김, 문예출판사, 1992.

6. 리처드 탈러, 캐스 선스타인, 『넛지』, 안진환 옮김, 리더스북, 2009.

7. 헨리 데이비드 소로우, 『월든』, 강승영 옮김, 은행나무, 2011.

8. 메리 램버트, 『물건 버리기 연습』, 이선경 옮김, 시공사, 2013.

9. 법정, 『무소유』, 범우사, 2004.

10. 강신주, 『다상담』, 동녘, 2013.

11. 박노자, 『만감일기』, 인물과사상사, 2008.

12. 에드워드 M. 할로웰, 『창조적 단절』, 곽명단 옮김, 살림Biz, 2008.

13. 유승호, 『당신은 소셜한가?』, 삼성경제연구소, 2012.

14. 이문열, 『젊은 날의 초상』, 민음사, 2005.

15. 이광주, 『대학의 역사』, 살림출판사, 2008.

16. 프랭크 도너휴, 『최후의 교수들』, 차익종 옮김, 일월서각, 2014.

17. 이반 일리히, 『학교 없는 사회』, 최종규 옮김, 생각의나무, 2009.

18. 우석훈, 『88만 원 세대』, 레디앙, 2007.

19. 요아힘 페스트, 『히틀러 평전』, 안인희 옮김, 푸른숲, 1998.

20. 월터 아이작슨, 『스티브 잡스』, 안진환 옮김, 민음사, 2011.

21. 인고 빌터, 『파블로 피카소』, 정재곤 옮김, 마로니에북스, 2005.

22. 김규항, 지승호, 『가장 왼쪽에서 가장 아래쪽까지』, 알마, 2010.

23. 마셜 매클루언, 『미디어의 이해』, 김상호 옮김, 커뮤니케이션북스, 2011.

24. 이시형, 『뇌력혁명』, 북클라우드, 2013.

25. 하이데거, 『존재와 시간』, 전양범 옮김, 동서문화사, 2012.

26. 올더스 헉슬리, 『멋진 신세계』, 정혹택 옮김, 소담출판사, 1997.

27. 피에르 브르디 외, 『구별짓기 상, 하』, 최종철 옮김, 새물결, 2006.

28. 미셸 푸코, 『감시와 처벌』, 오생근 옮김, 나남, 2003.

29. 공지영 外, 『1등만 기억하는 더러운 세상』, 한겨레출판, 2010.

30. 마쓰모토 하지메, 『가난뱅이의 역습』, 김경원 옮김, 이루, 2009.

31. 바버라 에런라이크, 『오! 당신들의 나라』, 전미영 옮김, 부키, 2011.

32. 남기영 外, 『인간이란 무엇인가』, 안인희 옮김, 민음사, 1997.

33. 제러미 리프킨, 『소유의 종말』, 이희재 옮김, 민음사, 2001.

34. 황석영, 『강남몽』, 창비, 2010.

35. 카를 마르크스, 『자본론』, 김수행 옮김, 비봉출판사, 2004.

36. 에드워드 사이드, 『지식인의 표상』, 최유준 옮김, 마티, 2012.

37. 콘스탄틴 폰 바를뢰벤, 『휴머니스트를 위하여』, 강주헌 옮김, 사계절, 2007.

38. 신해철, 지승호, 『신해철의 쾌변독설』, 부엔리브로, 2008.

39. 에릭 호퍼, 『인간의 존재』, 정지호 옮김, 이다미디어, 2014.

40. 조너선 스위프트, 『걸리버 여행기』, 박용수 옮김, 문예출판사, 2008.

41. 무라카미 하루키, 『달리기를 말할 때 내가 하고 싶은 이야기』, 임홍빈 옮김, 문학사상, 2009.

42. Michael Brenson, 『Visionaries and Outcast』, New Press, 2001.

43. Hunter, James Davison, 『Culture Wars』, Basic Books, 1991.

※ **도서 모니터링요원 수시모집** 출간 전후의 콘텐츠(가제본, 텍스트파일 또는 출간도서)를 읽고 의견 주실 분을
수시로 모십니다. 지원동기, 도서관심분야, 나이(성별), 하시는 일, 취미, 이메일주소, 전화번호, 집주소 등을 이메일
(stickbond@naver.com)로 보내주시면 접수가 됩니다. 많은 관심과 참여를 부탁드립니다.